大武汉故事丛书

总主编　涂文学　别道玉

# 武汉老字号故事

王琼辉　编著

长江出版社

**图书在版编目(CIP)数据**

武汉老字号故事/王琼辉编著.—武汉:长江出版社,2015.9

ISBN 978-7-5492-3795-1

Ⅰ.①武… Ⅱ.①王… Ⅲ.①老字号—介绍—武汉市
Ⅳ.①F279.276.33

中国版本图书馆CIP数据核字(2015)第232288号

**总 主 编** 涂文学 别道玉

**副总主编** 邓正兵 肖德才

**出版策划** 别道玉 赵 冕 肖德才

**编 辑** 张 琼 胡紫妍

武汉老字号故事 王琼辉 编著

**责任编辑**:李海振

**装帧设计**:刘斯佳

**出版发行**:长江出版社

**地 址**:武汉市解放大道1863号 **邮 编**:430010

E-mail:cjpub@vip.sina.com

**电 话**:(027)82927763(总编室)

(027)82926806(市场营销部)

**经 销**:各地新华书店

**印 刷**:武汉科源印刷设计有限公司

**规 格**:787mm×1092mm 1/32 6印张 117千字

**版 次**:2015年9月第1版 2015年9月第1次印刷

ISBN 978-7-5492-3795-1

**定 价**:18.00元

# 总 序

涂文学

历史是一幅色彩斑斓、五彩缤纷的生动画卷，而故事则是组成其间的一个个生动细节描述。因为故事，历史显得如此生动，因为故事，历史永葆青春活力。中国传统历史记叙中就一直有“叙事”的传统，无论是被鲁迅誉为“史家之绝唱，无韵之离骚”的皇皇巨著——《史记》，还是被梁启超称为“天地一大文也”的洋洋万言——《资治通鉴》，其叙事详明、脉络清晰、网罗宏大、繁简得宜，无一不凸显了其讲故事的高明，也因此奠定了他们在中国文学史上的重要地位。当下，在历史研究领域正兴起的“社会史”、“生活史”等学术新潮，某种程度上可说是对这一叙事传统的回归和升华，其研究更侧重于社会生活领域的衣食住行等日常行为，更关注于普通人群的喜怒哀乐。长江出版社此次编纂出版的《大武汉故事丛书》可说是对中国传统历史叙事和当下历史研究前沿的一次极富意义的回应。

美国著名历史学家刘易斯·芒福德曾言：“城市是文

化的容器。”换言之,城市并不是冰冷的生硬的钢铁丛林,而是有血有肉有灵魂有自我的生命有机体。如果说一个城市的纵向发展构成了其自身的骨架，那么城市所独有的一个个故事则是充斥其间的血肉经脉。正是因为这些故事,城市才变得丰满而具体,感性而优雅。在中国如此众多的城市中,唯有“武汉”和“上海”能冠之以“大”。正因如此,在大武汉这方热土中,产生了多少可歌可泣、悲喜交集的故事传奇。从3500年前盘龙城来无踪去无影的崛起与消失,到1700年多年前夏口、鲁山、卻月三城的修筑,从大禹疏江导汉演绎“江汉朝宗”的神话传说到关羽洗马长街卓刀成泉的英雄传奇，从徐寿辉天完政权的昙花一现到太平军三克武昌的惨烈战事,从“十里风樯依市立,万家灯火彻宵明”的“四大名镇”到“缔造多从江汉起,登临不觉亚欧遥”的“东方芝加哥”,从“修合虽无人见,存心自有天知”的国药世家叶开泰到“都督创造了民国,我创造了汉口”的“地皮大王”刘歆生,从伯牙摔琴谢知音的千古绝唱到屈原行吟东湖泽畔的不朽篇章,从崔颢“晴川历历汉阳树,芳草萋萋鹦鹉洲”的“七律之首”到李白“黄鹤楼中吹玉笛,江城五月落梅花”的魂牵梦萦,从武钢“一米七轧机”的战略引进到汉正街小商品市场的首开先河,从东风下山落户武汉到“光谷提案”建设创新高地,一个

个故事串起了武汉发展的历史脉络，一页页篇章写就了武汉的鸿篇巨制。故事改变着武汉，故事影响着武汉，故事成就了武汉。

今天，我们讲大武汉故事，是对古代讲故事文化的传承与发扬。通过讲大武汉的“盘龙古城”“天下四聚”“四大名镇”“东方芝加哥”等故事，记录城市绚烂历史，传承城市美好记忆；通过讲大武汉在明清、晚清和新中国曾经有过的三次辉煌，揭示武汉崛起的奥秘，读史明智，鉴往知今，从而开启城市光辉的未来；通过讲大武汉的江汉朝宗、晴川历历、白云黄鹤、灵山秀水，让更多的市民尤其是青少年了解武汉、爱上武汉，增强对自己居住的这座城市的自豪感和家园感。总之，通过讲大武汉故事，去描绘城市之美，展示城市之变，启迪城市之思，从而传播武汉声音，弘扬武汉精神。

在《大武汉故事丛书》的众多作者中，或是土生土长的老武汉，或是20世纪八九十年代的“新移民”；或为历史专业研究者，或为武汉本土历史的爱好者和发烧友。正因如此，这套丛书呈现出不同于其他有关武汉研究书籍的一些特色。其一，这是武汉人讲武汉自己城市的故事。故事里写就的是武汉的兴衰荣辱，故事里描绘的是武汉的风云变幻，故事里既有武汉古老、沧桑的“从前”，更有武汉鲜活、灵动的“今生”。他们了解武汉，熟知武汉，热爱武汉。识得武汉真面目，只缘身在此城中，作者们的笔端充溢着对这座城市的大爱之情，字里行间传递着对这座城市未来的深刻期待。这些都能让听故事的读者产生强烈共鸣，共同记忆武汉峥嵘往昔，共同感知武汉本土文化，从而产生深刻的心灵互动和价值认同。其二，这是用武汉话讲武汉的故事。《大武汉故事丛书》编纂旨趣意在通过讲故事彰显武汉城市的“地方性”，因此，这将是一部充满浓郁“汉味”“汉腔”的武汉文史读物。读者从书中将会看到三镇鼎立两江汇、大江大湖大武汉的独特的城市风景，感受到武汉人豪放劲朗、趋新尚变、敢为人先的鲜明个性，体会到武汉开放包容、崇实尚利、浪漫时尚的汉韵楚风。

多年前，我在为《武汉史话丛书》撰写编撰缘起时，曾言：“城市历史的记忆材料不仅仅是一种读物，它还是城市精神的重要载体。透过它，人们能触摸城市往昔和现在的心跳，与城市进行超越时空的精神对话。在这种神交式的精神对话中找到重塑现代城市精神的原点，开拓城市新的美好的未来！”愿《大武汉故事丛书》能为传承城市记忆、传播城市本土文化价值观、重塑城市精神尽绵薄之力！

是为序。

**乙未秋月于后官湖畔之自在心舍**

# 前言

字号，以文字作符号，引申为商店名号，俗称“招牌”。这不仅是商业企业的标识，还代表商业企业的名声、信誉、利益，在现代社会里，它是一种无形资产，所以有“金字招牌”之说。

开一个商铺或办一间作坊，一年两年不难，十年八年也不难，若是在五十年或一百年以上，就可以称之为老字号了。就像大浪淘沙始见金，就像岁寒凛冽唯有松竹梅，他们已经不是简单意义上的做生意，而是体现一方的商业文化和不朽的商魂。

穿越时间隧道，让我们随陆游来到南宋时武昌的南市，即鲇鱼套附近，被称为淮楚荆湖一都会，城内街巷纵横，坊铺林，人口繁庶，商业兴旺，著名商铺作坊为数不少。接着让我们来到明清的汉阳，鹦鹉洲成为著名的竹木市场，江西帮、湖南帮和本帮形成鼎立之势，人

称“汉阳的银子晒着”。在让我们来到明清的汉口，那更是成为名闻天下的商品集散中心，汉水边的桅杆密如森林，两岸的船只几乎把汉水形成一道狭窄的缝隙，码头上上下下忙着装货卸货。商行里算盘啪啪地响，茶馆里的的生意谈得欢。在此背景下，一大批商业字号相继问世。叶开泰、汪玉霞、老锦春、老大兴园等就扎根于民众之中，朝夕与市民见面，以优质的产品或食品赢得老百姓的口碑，至今都留下不可磨灭的印象。



武汉老字号最初都是由微本起家，由提篮子、挑担子、摆摊子到开铺子而发展起来的，由小到大，由弱变强，之所以经营能够成功，从大环境及势态来说，得利于物产丰富、行业众多、流通性强、交通便利。汉口曾有八大行之说，即银钱、典当、铜铅、油蜡、绸缎布匹、杂货、药材、纸张等。汉口曾是全国三大米市之一，有茶叶港和竹木市场集中地之称。

武汉的市场体系比较完善，行业众多。除了商品市场，还有钱庄、银行、典当、茶馆、酒楼、牙行、号栈、旅社、货运等服务性市场，这之间相互利用，也相互竞争，使得到武汉来的商品买得快也卖得快，人称“货到汉口

活”。

最后让我们来到近代的汉口，汉口开埠后，轮船运输更加畅通，卢汉铁路和粤汉铁路，更使武汉走上经济快车道，土特产品的出口量大，汉口一度曾被称为“东方的芝加哥”，超乎津门，直追沪上。汉正街、黄陂街、花楼街、江汉路等附近一带密集着各种商号、行栈，他们借助于良好的交通运输条件，在商海中搏击风浪，载浮载沉，其中的佼佼者一跃而成为贸迁四方、交通五洲的巨贾大商，创立的金字招牌赫然于世。

在众多的武汉老字号中，徽、晋、浙、赣、湘、川等地商人纷纷也把武汉作为他们经商的大舞台、竞争的好赛场，徽商中的叶开泰、汪玉霞长期独领风骚；浙商则促使汉口的近代化步伐加快；赣商邹协和、邹紫光阁声名汉上；湘商苏恒泰的油纸伞能遮挡风雨；本帮的车和顺茶庄耀眼江城，各地的商业文化在武汉汇集融合，共同传承古老中华文明的精神。

老字号是过去时，我们不得不对往昔深情回望，这种回望是我们城市跨步而行时的一种文化积累与调整。商业老字号的兴盛潜藏在每一个武汉人的心中，成为我

们的文化记忆，成为我们城市历史上的一个不可或缺的内容。

老字号也是现在时，枯木发新芽，老树重开花，大浪淘沙，适者生存，一些老字号因种种原因离我们而去，不可避免。但也有的老字号不愿自行沉沦，不甘落后，重新振作，奋起直追。他们将昔日老字号留下的精神气质，化作一段继承而又创新的动人故事，希望就在明天。

对当下武汉人而言，老字号既是一种现实的城市景观，又是一段久远的城市记忆；既是一笔物质财富，又是一笔精神财富。在长期的经营实践中，他们传承的优秀商业精神至今仍然影响我们，谦光受益，和气致祥；恭敬以明礼，信义而通商。老字号让我们感觉是那样亲近，老字号还伴随我们的生活走下去。

本书的结构是按行业为章节，由于篇幅有限，武汉具有特点的老字号太多了，不可能选取所有行业，只能忍痛割爱，从中选取具有代表性、故事性、趣味性、通俗性较强的内容，分为 13 篇目，每篇目选 2 ～ 4 个老字号不等，共计 35 篇，以轻松闲适的说话方式，为大家作点简单的介绍。

商业文化内容极为丰富，老字号的故事说不完，道不尽。由于本人学识谫陋，资料不足，一定有许多偏颇和谬误之处。恳切欢迎广大读者，尤其是商业老行家多多批评指教。

附：武汉老字号目录

# 附：武汉老字号目录

布匹店：谦祥益、和记、志成、怡和国大（原名庆生祥）、永康、礼和、永和等

绸缎庄：鸿彰永、九华、悦新昌、大成、恒昌等

百货店：（又称广货店或京广日杂店）：维新、戴春林、马人和、大成斋、瑞生祥、中国国货公司汉口分公司等

金号银楼：老凤祥、天德楼、邹协和、老天宝楼、老万年、老大宝、老同兴、新万年等

酒楼：筱陶袁（后改为小桃园）、春明楼、中南春、一江春、普海春、老会宾楼、德华、东来顺、沔阳、老大兴园、新兴、大中华、祁万顺、野味香等

以著名小吃为主的餐馆：老通城、五芳斋、四季美、福庆和、福星居、郭镒泰、蔡林记、田恒启、顺香居、谈炎记、老谦记等

食品糕点店：汪玉霞、曹祥泰、九如斋、冠生园、美的、滋美、邦可、伍亿丰等。

钟表眼镜店：、亨达利、精益、汉明、明光等

中药店：叶开泰、九芝堂、刘天保、吴寿康、金同仁、达仁堂、九千年、陈太乙、刘有余堂、马应龙、三多轩、初开堂、同丰泰、葆和堂等。

茶肆：汉南春、洞天春、话雅、怡心等。

戏园：长乐、共和、老圃、美成、天声、满春、大舞台、新市场（民众乐园）、凌霄等。

照相馆：启新、铁鸟、国泰、品芳、王吉、雅光、显真楼等。

理发洗浴店：长生堂、东方、上海、香港、德记理发厅；东华园浴池、长胜池、清泉池等。

旅社饭店：交通、大同、汉口、甲子、中南、德明、旋宫等。

文化用品店：宝春斋、荣宝斋、邹紫光阁店、胡开文墨店、朱锡记算盘店等。

服装鞋帽店：白海记制衣店、首家、祥康、怡和服装店、盛锡福帽店、茂记皮鞋店、修成记皮鞋店等

茶庄：毓华茶庄、四达瑞、车和顺益记。

其他：苏恒泰伞店、高洪泰响器店、曹正兴刀铺、老锦春酱园、老同兴绍酒酱园、朱德和酱园、老天成汾酒糟坊、周恒顺翻砂炉坊、汉盛协营造厂、黄志成折货店、德厚荣山货号、汉昌烛皂厂、大有庆酒厂、太平洋肥皂厂、福新面粉厂、申新纺织厂、南洋兄弟烟草公司等。

# 目　录

## 第四章　特色小吃　美名远扬



## 第五章　理发照相　常留俊美



## 第六章　此中皆锦绣　从外无经纶

## 第七章　步月凌云去　有冠皆增色



## 第八章　笔端通造化　表章笺锦艳



## 第九章　芳茶冠六清　溢味播九区



## 第十章　罗陈夸物备　点缀得时新

# 第一章

## 聚首百药　平康兆民

各位，不说吃不说喝，先说药。什么最重要？身体。平时养生，有病治病，就离不开药。

武汉素为药材集散中心。明代武昌芝麻岭、察院坡一带药市已经很兴盛。汉口享誉数百年的叶开泰药店，明代崇祯四年（公元1631年）在汉口河边鲍家巷开业。明末汉口已有“药帮巷”专业小街，各地药商麇集，有“药材香过岭”的美誉。有名的河南怀（庆）帮“协盛全”就于清初在药帮巷开业。

这里不说那些药号药行，只说药铺。药铺是直接为居民供药的商户，多集中在人烟稠密的闹市。武昌的药铺在芝麻岭、察院坡；汉阳的药铺在显正街、西大街、瓜堤街；汉口的药铺在杨家河、武圣街、泉隆巷，后并向新兴闹区汉正街、集家嘴、黄陂街、江汉路等处。

这些药铺出售的药材都要经过加工炮制始能入药，这叫饮片业。后因滋补营养药需求上来了，从中又分出参燕药号。药铺直接与人身疾病关联，武汉各店炮制方法特色，一旦取得患者信任即可经久不衰。叶开泰开始于明末，至今牌名犹存。其他老字号药店也存在较长时间，如万鹤龄、刘天保、金同仁、达仁堂、保和堂。如今还可见到的老字号药店还有初开堂、刘有余堂。制作眼药起家的马应龙也属于年成久远的老招牌。

这正是：誉满杏林寿身寿世；材储药圃医国医民。

## 金字招牌——叶开泰

人吃五谷杂粮，哪有不生病的。生病找哪里抓药？老武汉人想起了“叶开泰”。在武汉，年数最长的字号要数“叶开泰”药店，岁月的沧桑不曾抹去脸上的皱纹，守着先辈传下的祖训，顽强地开辟药业的一片天地。多年来，武汉人有句顺口溜，称“叶开泰的药，闹死人都是好的”，“吃死人不填命”。以前民众乐园曾有灯谜，谜面为“一蓬顺风到暹罗（泰国的旧称）”，谜底就是这个老字号。由此可见，人们对叶开泰赞誉极高。我们就来说说叶开泰的故事。

（一）

明代崇祯四年（公元 1631 年），一位叫叶文机的汉子随父亲逃难到汉口。父亲是一个民间老中医，号称“叶神仙”，他们俩在

位于中山大道上的"叶开泰"药店

今汉阳古琴台附近摆起了药摊，行医卖药。

1637年，叶神仙去世，叶文机继承父业。当时湖南岳阳一带瘟疫流行，他前往应诊，用药灵验，甚见功效，深得驻军简亲王的赏识并予赞助。于是，他借这一财力在汉口鲍家巷口找了间房子，挂出了"叶开泰药室"招牌。取名叶开泰，乃叶神仙之嘱："叶家药铺开业，只图国泰民安"，以叶氏之姓加开泰之意，便名为叶开泰。叶文机自制成药，并悬壶应诊，以医荐药，由于医药两便，很受百姓欢迎。

第三代传人叶宏良接手"叶开泰"时，社会局势逐渐安定，这对业务的拓展无疑是天赐的春风春雨，于是他将药室迁到汉口大夹街（今大夹街231号），并更名为"叶开泰药铺"。到第七代传人，就出了个名人叶名琛，他科举入仕，有过被清政府赏识的镇压凌十八、广东天地会起义的经历。1847年聘任广东布政使，1850年升为两广总督，成为叶氏家族中"最为杰出的人物"。在第二次鸦片战争期间，英法联军再次入侵广州时，他"不战不和不守，不死不降不走"，在城陷后，叶名琛为英军所俘，被送往印度加尔各答。英国人逼他穿朝服朝靴，戴三眼刁翎红缨，在玻璃房中售门票，以显示大英帝国对中国的侮辱。叶名琛怀着“士可杀不可辱”的决心，最后吞石自杀，以保持民族气节。群众对叶名琛深表怀念和尊敬，叶开泰的名气与日俱增。

叶开泰对开药目单

叶名琛的弟弟叶名沣，在长兄爱国精神的激励下，继承祖业，刻苦钻研中医药理和成药配方，自制出独特的名牌产品“八宝光明散”、“虎骨追风酒”、“参桂鹿茸丸”、“十全大补丸”等中成药，畅销于省内外并远销港澳及东南亚等地，各地求医问药者源源而来，常年不断。叶名沣随即扩大作坊，发展生产，又使叶开泰这块金字招牌进一步增添了光彩。

从乾隆到咸丰这段时期，从叶宏良到叶名琛、叶名沣这五代人，大约一百年间，能使叶开泰兴旺发达，所走的路线就是，先搞好药业，发展生产；继而培养人才，科举入仕。由此亦官亦商，有钱有势，来个政治与经济相结合，官场与药店相呼应。有此等优越条件，叶开泰能不振兴吗？

（二）

叶开泰在几百年的传承过程中，主要还是靠药品质量说话，这里有个传说。

传说有一天来了一个瘸腿老道，拄着一根木棍，腰里系个药葫芦，左肩挂着一把旧雨伞，右肩扛一袋子草药，在叶开泰门口摆起草药摊子来了。凡是穷人到叶开泰点药，他就把人拦住，又给人看病带配药。别人给多少就拿多少，也不计较，没有钱他也看病。这一下子把叶开泰的生意拦死了。管事好几次要把老道撵走，当家的叶老太太总是不同意，还劝管事的莫容不得人。哪知道老道变本加厉，还把摊子摆在柜台边，顾客一来，瘸老道都主动揽生意，问病卖药，把叶家的生意搞得没法做。管事气的直咬牙，叶老太太还是作劝解。

就这样过了三年，瘸老道要走了，他对叶老太太辞行，说："我在这里打搅你家三年，你们卖的药确实货真价实。不过，以后对穷人还要少赚点，积点德。我拦了你们不少生意，叫你们吃亏了，临走又没有东西送给你们，只好将这把旧雨伞送给你们。今后如果有难处，可将伞撑开，放在中堂，可保平安。"叶老太太收了雨伞，瘸老道告辞而去。旧雨伞谁也瞧不起，就随便丢在香案下面。

过了两年，汉口发大火，大夹街两头烧得惨烈，火势也向叶家蔓延，管事吓得慌了神，不知所措，叶老太太记起了那把旧伞，叫管事赶快撑开。管事半信半疑，便将伞撑开放在店堂中间。哪知伞周围立即放出一圈宝光，耀眼四射，前后左右过来的大火到叶家就自动熄灭了。一条街都烧得精光，唯独叶开泰安然无恙。

叶老太太吩咐管事摆起香案，向宝伞跪拜，只见宝伞里面现出三个大字——铁拐李。叶老太太明白了，对管事说："神仙下凡考

叶开泰药铺对联

察我家的生意，幸亏我们从不掺假，害人性命，所以受到神仙保佑。”

从此以后，叶开泰药店在店堂里挂出一副对联：“修合虽无人见，诚心自有天知。”说回来，不管哪一代人，叶开泰药店都认真选用剂方，精选原料和精工监制。做参桂鹿茸丸一定要用一等高丽参；制八宝光明散的麝香和冰片指定要著名药材行的货品；制虎骨追风酒的虎骨必购前有邦骨、后有风眼的四腿来熬制虎胶。原料的选配，由负责的“老总”亲自掌握配方剂量，先必须分别配制磨粉，再进行合剂。在烘制丸药时，必须用各种烘箱将各个品种分别烘干，所用的木炭必须击碎，以灰覆盖，让丸药缓干，以保持药味经久不变。虎骨追风酒投料封缸后，夏季以 2 个月，冬季经 4 个月后方可启封，以保质量。在叶开泰制药作坊的门首屏风上，“宁缺勿滥，不好再来”八个大字时时警醒药事人员的质量意识。

老百姓还有一个传说，有一回，作坊里大木甑子蒸鹿茸百斤，以备切片磨粉，不料剩在大锅里的一点脚子水，被店里一只大狗喝了。结果，这只狗不胜药力，双眼被冲瞎了，肛门外翻出个肉团，像个红石榴，不是正宗鹿茸，哪里有这般神效？人们评价叶开泰的药，一个字——灵。

过去，经过汉口的旅客也爱往叶开泰药店跑，不是他们生病了，而是把该店出品的参桂鹿茸丸等补药当武汉的土特产，捎带回家赠送给亲朋好友。在长沙，家里来了客人，上一小碟参桂鹿茸丸，分量二钱三钱，作为接待客人的礼节。叶开泰的影响力都已经传到湖南了。武汉人也引以为自豪，常挂在嘴边夸赞：我们的叶开泰是中国中药四大名店啊！

历史是条滔滔不尽的长河，汉口的叶开泰药店曾在中国的中药业发展中留下过瞬间的辉煌。

## 药效神奇——马应龙

早在明朝万历年间，河北定州有个叫马金堂的回族人，喜爱医道，特别以眼科见长。经过多年潜心研究，对文献中所记载的眼科方剂逐渐一分析，并结合自己的多年临床经验，研制了一种适应性广泛的眼药。马金堂时常免费送药给贫穷百姓，使“定州眼药”的美名不胫而走。马家继承人马应龙，也以制造和经营眼药为业，设店于定州北街，正式挂起“马应龙眼药”的招牌，生意十分红火。

到了清朝道光年间，马应龙的子孙们更具眼光，他们带着药品、铜钱、干粮，骑着毛驴赶到北京，在前门外西河沿租得一处门面。

马应龙商标

随即上门购药求医者络绎不绝，不久就名声大震，收入相当可观，遂与“内联升”鞋店等老字号驰名京城。

到了20世纪初，南方眼药市场大开，北京的经营已不适应市场需要，马家准备将汉口作为南方眼药市场的经营中心。1919年，马岐山带着祖传的制药工具风尘仆仆来到汉口。起初，他租了一间最便宜的栈房落脚，然后视行情再换位置。栈房有一位账房先生李之敬，十分熟悉武汉的风土人情，人称他是武汉通。李之敬同马岐山混熟之后，甘愿充当马岐山的向导。马岐山见他为人本分，办事精明能干，又情愿为自己工作，便雇请他过来主持业务。

在李之敬的引导下，马岐山走遍了武汉三镇，几经察访，终于分别在武昌斗级营、汉口的大夹街、汉口汉正街租赁了加工场地和店铺。

武汉的房屋租价悬殊。斗级营一铺面连柜台家什，每月的租金才5元，只相当于闹市铺面租金的十分之一，相当便宜。一切准备就绪，马岐山便择日开业。开业时，不发广告，也不点鞭炮，只

马应龙大药房

是在店铺的门楣上写了一行大字——北京马应龙定州眼药店分店，如此而已，相当节省。

马岐山的自信心极强，又遵从先人古训，作好了药品滞销几个月的思想准备。所以，他一切因陋就简，将资金尽量节省下来，以备不时之需。俗话说“好酒不怕巷子深”，由于马应龙眼药名声大，信誉好，即使分店地处偏僻之处，又不作任何宣传广告，但刚一开张，就有了不少人光顾了。很快，马岐山便同市内外、省内外的许多中药铺建立了供销关系，业务量不断上升，在汉的门市部也相应增多。

不久，马岐山继续拓展，先后在湖南长沙青石街 34 号、安徽安庆市龙门口、广西柳州市小南路等地开设了分店。一时，马应龙眼药便在南方市场打响。解放前，英国、日本等眼药曾一度充斥中国市场，但马应龙眼药独具民族特色，保持了对洋货的竞争力。

马应龙眼药为何这般神奇呢？靠的是品质优秀。他们采用名贵的中药材诸如牛黄、麝香、琥珀、珍珠等，选材上唯真唯优，忌劣忌假。马应龙眼药对制炉甘石的用水也十分讲究。定州有八大名景，“白果树”便是其中之一。白果树树龄百岁有余，直径五尺多，高达数丈，它的旁侧有一口井，井水味美甘冽，清澈不污。马应龙眼药配料中的炉甘石便专门汲取这口水井的水来炮制，经过这种井水炮制的炉甘石质量超凡，绝非他物可比。制成后再运到北京、武汉等地备用。制药过程中，对器皿的卫生、原料配合投放的先后顺序、药物的细度成色，都严格掌握，一丝不苟，达到既定标准。药物制成后，质检工作也十分严格。检查的方法有看、闻、摸、尝，逐一检查，每一项指标都合格后，才能投放市场。

马应龙眼药对自己的处方是绝对保密的。在炮制某种药物过程中，材料的取舍、分量，炮制的程序，所有操作工艺，对外界是不能泄露的。而且在家庭内部，也只单传长子长孙，或者择优相传。继承者要严格恪守家训，不得违例。数百年来马氏家族中也没有出现过违例者。马应龙永远只此一家，别人难以假冒。

民国时期有种说法，“买金子不如买马应龙眼药”，可见其信誉极高，质量极精，具有比黄金更可靠的保值功效。以至人们公差外出，捎带马应龙眼药到外埠中西药房，可凭发票加价一成换成现款。尤其值得称道的是，马应龙眼药不仅畅销国内，而且行销东南亚诸国，泰国、缅甸、越南等国视为圣药，欧美人士誉为“东方魔药”，求购者长年不断。

# 财大气粗——刘有余堂

刘有余药堂

刘有余堂是武昌一家著名的药店，是刘鹄臣于1918年开设的。

本来刘鹄臣是经营棉纺厂、打包厂和房地产等，因经营有方而财源滚滚，有“武昌首富”之称。一次，刘家老太婆生病，派下人到杨寿丰药堂取药，杨寿丰药堂店主杨文川是精通医术的著名中医。当时该店业务正处繁忙，下人摆明了自己是刘家派来的，在柜台外连续催促了几声，发药人随口答了一句：“慌么事，要快，你们刘家就自己开药铺！”下人回家以后可能将此话添油加醋来转告，刘老太婆怄不得这气，就说：“开就开一家吧！”于是，刘鹄臣仗着自己的财力，负气开设了药店。他请当时的药界名流陈海山出面筹备，招聘各类专业人员80余人，不久就以刘有余堂的牌名在杨寿丰药堂的附近芝麻岭择吉日开业了。

当时，刘有余堂的动机就是要把杨寿丰药堂搞垮，一场激烈的商战随之展开。刘有余堂不惜血本，以低于成本的价格大量倾销各类药品，武昌其他中药店也只好陪同降价销售。

延年益寿糕

按照历来同业惯例，新店开业可减价三天以示号召，而刘有余堂竟减价两星期，且减价幅度颇大：出售饮片、成药，照原价打对折，参燕细货打七五折，健脾药糕、八仙药糕等只收成本的一半。一时贪图便宜的顾客蜂拥而至，城外前来购药者所花药费把路费算进去还较其他药店便宜。

这场激烈商战轰动武汉三镇，特别是武昌的中药店受到冲击，杨寿丰药堂从此一蹶不振，最后只得关门停业。刘有余堂斜对面有家“梅道和”药店，知道与刘有余堂对垒无异以卵击石，只好向刘有余堂认输，后来由刘有余堂赠款400元作搬迁费，迁到司门口继续营业，避免了重蹈杨寿丰药堂的命运。

别以为刘有余堂能把杨寿丰堂彻底整熄只是依靠本身雄厚的财力，其实，人才和药品质量最为关键。

刘老板以优厚薪金搜罗各类人才，当时应聘的都是武汉中药界著名的行家里手。如聘请的经理先后有陈必藩、姚达夫、易瑞庭、刘茂生；还有饮片办做文玉卿、切药人员姚保臣、程海珊，丸散办做钱显卿、前柜人员罗松樵、叶汉卿、陈松山、王松山等人，另有

刘有余药堂

坐堂医生 20 多个，内外妇儿、跌打损伤，科目齐全。

刘有余堂加工饮片胜人一筹，膏丹丸散的制造加工更是精益求精。

为了遵古炮制，提高药品疗效，不惜以重金添置生产设备——为激制“紫雪丹”这一种成药，特定做重约一百两的纯银锅一口，在当时同业中是少见的。刘有余堂独家创制了儿童喜食的有健脾滋补功能的“燕窝糕”和居家旅行必备的良药“长春丹”等。刘有余堂开业时资本额原为银洋 6 万元，当年年终结算时资本额已超过 14 万元，净利 8 万余元，营业额占当时武昌同业中的 40% 以上。刘有余堂的规模很快超过了金同仁和陈太乙，成为武昌最大的药店。当时，长街（现解放路）上段美国人建的“圣三一堂”、印度人开的“印度眼科”和下段“三义百货”之间都是刘有余堂的店铺或加工间。

钱多是很厉害，但也不能决定一切。刘家轰动的事太多了，1947 年 11 月在武汉闹得沸沸扬扬的“双钉案”，就是刘有余堂传人刘宜生之子刘佑方犯的罪。

他从小娇生惯养，挥霍成性，后狂嫖滥赌，亏欠累累。他把汉口荣丰祥纱号经理汪绍伯绑架，别人不愿给钱，他先麻醉，后用两颗钉子把别人钉死，偷运到汉口杨汉湖，被人发现，后落下命案。刘家不是有财力吗？这回不灵了，到处打点也无济于事。最后，政府有关部门判了刘佑方死刑。

# 第二章

## 糕饼点心　甜润人心

各位，以前生病都是喝中药，苦不堪言，自不待说。人们一般喝药后，嘴里要压点糕饼点心。武汉三镇哪家信得过呢？

汉口这边的人自然想起“汪玉霞”做的咸酥饼，又叫发饼，价钱不贵，蛮有滋味。当然这家还有其他糕点也很出名，什么酥京果、酥糖、酥月饼、元宝酥等，一个酥，老百姓称赞起来就是一句顺口溜：“汪玉霞的糕点——绝酥”，后来演变成说小伢不听话，是个“劫数”。

“汪玉霞”从“出身”来看，属于徽帮，到后来逐渐融合武汉人的口味。此外，武汉糕点行业也有很多外地风格传入三镇，如广东帮的“广兴昌”、“冠生园”在汉口黄陂街、四官殿和江汉路生产具有广东风味的点心、面包、饼干、香肠和腊味等产品。苏州帮的“稻香村”遍及武汉。

做糕点这一行，一般都是前店后坊，自产自销，武昌的伍亿丰、曹祥泰、张大兴、福昌生，汉阳的怡丰永等也都设有糕饼作坊。他们除自销以外，还批发给小同业。如今在武昌还有名声的老字号当属“曹祥泰”了，这是一个商业神话，从卖蚕豆起家到开肥皂厂米厂钱庄等，不得不令人佩服。

这正是：“玉”字小月饼大发饼品种个个酥；“祥”牌芝麻糕绿豆糕质量样样高。

## 赞不绝口——汪玉霞

汪玉霞的糕点，誉满湖北城乡，声名远播省外。在武汉地区订亲的聘礼盒中，汪玉霞的喜饼是不可或缺之物，而且有一个硕大的喜饼放在其中。这种风俗延续了多少代人，直到现在，汪玉霞糕点仍然是武汉人馈赠亲友的首选礼品之一。这其中的故事得从头说起。

（一）

安徽休宁县有位商人叫汪士良，大约在乾隆年间就在汉口汉正街开了一家恒升布店，生意做得好。家中有一位丫头，长得有点姿色，被汪士良看中，收为妾室，名叫蔡玉霞。在这样的大户人家做小妾，那也是不太好受的，毕竟原来的身份地位不高，常遭大老婆的白眼歧视。为了思虑自己终身的生活，在7年里就私自积蓄了一笔钱，征得夫君的同意，又得到夫君的资助，就于乾隆四年（公元1738年）在汉口灯笼巷开设一个小店。当时本钱微弱，约计100银子做生意周转，那柜台更是简陋异常，竟用泥巴砌成。请不起人，也不用请人，蔡玉霞本人主持营业。卖什么？就卖安徽的茶叶。小店总要有个名，她就以自己蔡玉霞的后二字加上夫君汪士良的姓，取名为“汪玉霞”店。她万万没有想到，这个不起眼的“汪玉霞”后来竟生存了近三百年，直到今天。

别看小店只卖安徽茶叶，由于货真价实，加上店主对人诚恳，生意渐渐有起色，玉霞又销售些藕粉、葛根粉等甜食品。也是玉霞红颜薄命，本可以将生意做下去，不幸染上重病，于乾隆七年（公元 1741 年）撒手人寰了。

汪士良陷于恒升布店的上下事务，不能分身，这开了仅 3 年的汪玉霞谁来管呢？他就托人来经营。到了乾隆十一年（公元 1746 年），汪老板到汪玉霞店清理账务，发现亏本很大，很是伤脑筋，怎么办？自己又没有分身术，算了，还是把汪玉霞顶给一位姓戴的山东人经营吧，定合约期限为 10 年。

汪士良以为这下甩了包袱，心里顿时觉得轻松不少，第二年就抽空回安徽老家，谁知就此一病不起，治疗无效，也随玉霞奔了西天。临终前，将家财 2000 余两银子作为 5 股分给儿子和长孙，原来他所经营的恒升布店和汪玉霞店继由长孙汪国柱来打理。

## （二）

汪士良为什么不把家业传给儿子而传给长孙呢？要么儿子们不争气，要么长孙从小被老爷子看中，这些我们暂且不去管他。话说

画家萧继石笔下的汪玉霞

汪国柱接手后，在乾隆十五年（公元 1750 年）与同乡徐宗海合伙在汉口汉正街开办恒高大记布店，经营逐年扩大，手里有了更多的银子，就在乾隆二十一年（公元 1756 年）秋季，将祖父顶出去的汪玉霞店从山东姓戴的人那里又赎回，自己来经营。

如果说蔡玉霞只是打造了汪玉霞这只小船，那么真正将这艘船开出，迎着激流前进的就是汪国柱。有一次机会，只要一次，便使汪国柱暴发，一跃而为巨富。

那是乾隆四十一年（公元 1776 年），白莲教发动全国性起义，满清政府调动了大批兵力进行镇压，并封锁了九江关口，禁止一切船只通行。汪国柱这时已经步入中年，志得意满，在九江濮院开设榨油坊，并做桐油生意。1781 年油坊的油车不幸被烧，损失很大，加上九江关口又被禁，汪国柱好不懊恼焦急啊，只得派老仆汪广发四处打听开关消息。

说来也巧，有一天，老仆忽见九江关督鸣锣开道过街，看关督似乎面熟，就回来告诉汪国柱，这位关督原与祖父汪士良有交情，关督读书应考时，老爷子曾资助30两银子作路费。汪国柱一听，喜出望外，老爷子留下的人情遗产比什么都珍贵。汪国柱随即与老仆同往拜见关督，拜帖上写明“汪士良之长孙汪国柱拜见”。接见后，汪国柱陈述了当时的处境，关督也是个知恩图报的人，答应三日后中午开关一个半时辰，大约3个小时，叫他预作准备。

这段时期，那些桐油商的船只困在九江，搞得走不了回不成，身上的银子花得差不多了，急得想把桐油降价出手。好个汪国柱，心中有底气，趁机廉价收购桐油3000万斤，由汪玉霞名义开出兑条，说是可以在汉口兑款。到了约定开关时刻，汪国柱将全部桐油由九江放到南京、上海等地。宁沪之地也因九江封关很久，桐油奇缺，价格暴涨。汪国柱的船只一到，独揽桐油市场，高价卖出，赚了个盆满钵涨。

国柱赚了大钱，一口气开了36个当铺、72个衣庄、28个油号，大约开了136个店铺，在安徽休宁老家买田地百余亩。他回头看“汪玉霞”，不过是区区小店，发展前途不大，但这是祖先传下的基业，不能放弃。每年旧历年关，特意通知所有店铺的店主都到汪玉霞吃团圆饭，以当年哪家店铺赚钱最多的坐首席，以下按赚钱多少，依次就座。说起来，好不风光。

## （三）

1920年汪启漾的次子汪子泉来汉口寻找出路，先是暂住汪玉霞雨记。1921 年，后花楼街裕源杂货店因年年亏损不愿经营，愿将全部生财家具出顶，汪子泉听说后动了心，于是写信给家乡长兄汪子宽，子宽就请求家乡好友借得资金 3000 银元，这就把裕源杂货店顶下来。这还不够，后由同乡汪尔玉介绍向正金银行借款 1000 银元，又向同乡所开设的杂货店赊购一批原材料，就于 1921 年旧历 7 月 15 正式开张营业，也像雨记一样生产食品附带卖海味杂货及蜡烛品。因这兄弟俩的父亲汪启漾别号“为汉”，就将花楼街的店取名为汪玉霞为记食品店，以示与雨记相区别。从此，汉正街与花楼街的汪玉霞各为一头，双头并进，共谋发展。

## （四）

那时汉口的商业重点移向了花楼街，汪玉霞为记没做几年就发财了，汪子泉汪子宽两兄弟心里又痒起来，就商量于 1930 年分设“汪玉成”食品店，地址在中山大道水塔对面的生成里口，由为记调拨来资金。哪晓得，那个汪子泉本性顽劣，吃喝嫖赌不够花，就扯店子里的钱花。兄长汪子宽在“汪玉成”店主事，听到兄弟是这样一个家伙，鼻子都气歪了，先是劝，后是骂，二人矛盾就摊开了，于是订下合约，双方自愿分家。子泉分得汪玉霞为记负责还欠债；子宽分得生意较好的汪玉成，那是不负责还债的。1934 年秋季，子泉欠了一屁股债达 28000 银元，债主纷纷登门讨债，搞得电费无钱交，当时的电业局剪火停止供电，糖桶里连四两红糖都找不到，还谈什么经营做生意。子泉只剩最后一条路——准备把汪玉霞为记顶给青山帮。

消息一传开，汪家内部像炸开了锅，上上下下，包括同乡好友，都舍不得。汪玉霞毕竟是个老招牌，顶给了外姓人，将来那不就是汪玉霞雨记的对头？好在目前还是一家人，于是雨记的主持汪青舫的安徽同乡金庭杰等人都愿意借给原材料和货物，并建议雨记的汪青舫到为记来主持。亲友同年旧历腊月立下“委托书”，青舫走马上任了，雨记就交侄儿汪少峰主持。青舫来为记后，调物资，拨资金，赊原材料，本来青舫在生意界有口碑，加上他善于精打细算，生意很快被他盘活了，每年都有盈余。两年功夫，负债都还清了，第三年就有家底了。

为记重新振作后，雨记还搞了一个协议，考虑到以后汪家的人还会再用“汪玉霞”的招牌来开店子和设分店，如果招牌一多，难免搞砸，就协商：雨记和为记以后如增开店子，不得用“汪玉霞”这三个字。并注明，雨记只能开到六渡桥以上，而为记只能开到六渡桥以下，这汉口的六渡桥成了他们汪家的分界线。

## （五）

不管是汉正街的，还是花楼街的，两个汪玉霞都是前店后厂，生产经营范围不算大，手工操作。食品这一行，全靠顾客的口碑，质量出问题等于自己砸自己的饭碗。汪玉霞的产品质量首先注重原材料的选购。糖，起先选用英商太古、怡和洋行的上好白糖，后选用台湾及广东汕头的尖洋糖，还有四川的川洋白糖。两边每年共耗用约 40 万斤，每年购进 4 至 7 次，每次买回的糖大批存放起来，时间一长，糖的油卤吐出，溶头好，做出的食品质量才好。

1982 年建成的汪玉霞食品厂大楼

油，选用河南驻马店的麻油，味香，颜色清亮。芝麻，选用武昌武泰闸的，颗粒饱满，皮薄肉厚。蛋，选用阳逻的新鲜鸡蛋。面粉用上等品，猪油用新鲜板油。

食品原材料的配方由管糕饼的和掌桌师傅研究规定标准，而工人不许偷工减料，按配方执行。半成品也蛮关键，如豆沙、糯米、糯米稀、糖麻屑、面粉和米粉的蒸制等加工过程，都要精工细作。豆沙蒸好后，还要连续回锅炒 3 ～ 4 次，使其色泽油亮乌黑，感觉如丝般的滑腻，拿在手上，观之悦目，闻之沁心，食之甘美，市民得之，岂有不爱之理？酥京果也蛮受市民喜爱，而京果的制作对原料的选购与加工也极考究，买回来的糯米先要经过精心筛选，颗粒大小一致，以利于浸泡时达到最佳效果。糯米一般要浸泡 70 ～ 90 天，浸泡时间不够，做出来的就不会酥松爽口。面粉要细，要蒸得透熟，如此则做出来的京果不仅酥脆，而且光鲜可人。这些只有在小作坊里做，优势在于产销流程短，食品出炉新鲜，颜色油润，香气扑鼻，味道可口。

## （六）

在食品同行业中，汪玉霞是从激烈的市场竞争中走过来的，在雨记附近就开设有刘瑞和、松鹤祥、伍亿丰、老锦春、交泰等食品店。

新店开张，一般要采取“大放盘”，汪玉霞遇到附近有新店开业，事先就作好准备，将某些糕点与新店相同的产品做大做好一些，按武汉话说，要对着搞。比如，武昌那边杀来一个伍亿丰食品酱园店，汪玉霞就不惜血本与伍亿丰交锋，同时联合其他杂货酱园店采取围攻方式，使得这个号称五亿的大富户开张不到三个月就关门了，还是退回武昌粮道街。

汪玉霞的商品广告

以前做生意有句行话叫“薄利多销吃饱饭”，汪玉霞也用这一手。端午节卖咸蛋，价格比别家低一点，宁可在咸蛋上赔钱，咸蛋价格一低，带动其他食品销量大增。碱酥饼是汪玉霞的传统特色产品，老百姓叫发饼，圆圆的饼子中间印有一个“玉”字，在价格上很低，利润只有5%。加上质量好，百姓特别喜欢，总是呈现供不应求的局面。汪玉霞的营销理念是，碱酥饼是放血打炮的，就是牺牲品，炸得响是为了招引顾客，低价可带动其他食品的促销。如果资金一时断了链子，也拿出这一杀手锏，大量做碱酥饼，以解燃眉之急。

在每年的春节、端午、中秋期间，汪玉霞印制大批“纸画”，顾客买上五元的食品就赠送纸画两三张。在春节时若买五元以上送元宵10个，以鼓励顾客多买。天热时送纸扇，并在电影院打电影广告，登报纸做广告。1930年，汪玉霞还在老圃和满春茶园做过“幕布”的宣传，并在包装盒子上做文章，彩色好看，式样美观。由于这样深入的扩大宣传，顾客得到这些小物品，无意中带到乡间和其他城市，汪玉霞的名声不胫而走。

## 粤式风味——冠生园

可以这样说，冼冠生1915年在上海创立的产销结合、工商一体的冠生园，是我国食品行业中最早实行连锁经营的企业之一。

冼冠生原名叫冼炳成，15岁那年由亲友从广东佛山带到上海一家小食品店当学徒。工余他有个爱好，每天挤出时间看报，特别留心报上刊载的工商广告。这就有点怪了，我们平时翻报纸，一般对

冠生园老板冼冠生

广告都是快速地瞟一眼，不大在意。可冼冠生看了广告还不算，还把广告剪贴下来作资料，随时翻阅，从中领悟做生意的窍门。

三年满师，他成了家，随后又把老母亲由广东接来，一家三口租了一间上海亭子间，简陋地搭起家庭经营班底。白天，他家三人忙着制作陈皮梅、牛肉干等小食品，晚饭后，他便挑起食品担子到上海一些戏院门口摆摊。冼冠生做生意不同于其他小贩，他不惜工本印刷了“上海冠生园”的商标纸，以麦粮丰收的含义，用麦穗围一“生”字的标记，向工商管理部门注册登记。这是他从报纸上得知香港冠生园食品店歇业，就捡起这块招牌，这既亮出了字号，又可作包装使用。真是一位生意场上的有心人啊！由于他制作的食品讲究质量，重视卫生和宣传，生意越做越红火。不久，他又扩大厂子，增加员工，丰富品种，渐渐在上海奠定扎实的基础。

冼冠生也是个有眼光的生意人，他不满足于上海的发展，而要选好一个地方再向全国扩大。他选定的第一个目标就是汉口。汉口地处长江中游，铁路通南北，交通便利，人口稠密，是各种食品畅销之地，加上百业兴旺，融资不难，可大做批发业务。于是，1928年冼冠生派广东同乡张泽銮来汉筹办。开始仅在统一街永广里租房一间，销售上海总公司的产品，因物美价廉，销路极畅。随后，又租永广里其他几间房，作生产作坊，开始生产糕点、果子露、果子牛肉，冬天做香肠、板鸭等，生意仍然不错。

1920 年《图画时报》冠生园商标

1930 年又在江汉路 12 号开办第二个支店，楼下为食品门市部，二楼作餐馆，邀集了几个擅长粤菜粤点烹饪的广东同乡参加，这又为武汉人增添了新口味。1933 年，张泽銮在汉口友益街如寿里开第三支店，同年底又在武昌司门口开第四支店。1935 年，成立起汉口分公司，增添了厂房设备，产品有海鸥大花蛋糕、小花蛋糕、香肠酥等达 300 多种，员工增至 100 多人，日产量由 1500 斤到 3000 斤。冼冠生经常到武汉视察，检查各公司支店技术方面情况，如有薄弱之处，他就将上海和其他城市的师傅进行调剂，如有职工工作不力，责任不强，技术不精，那么春节就会收到上海发来的“航空信”解雇。当然，冼老板对职工的生活蛮照顾，他知道，要发展要发财是离不开员工职工的苦干死做的，特别是逢年过节。

可以说，在抗战前后那几年，汉口各支店营业非常景气，资本渐渐雄厚。有了厚实的底子，汉口分公司准备在武汉市郊新建一所农场，自己生产原料，来减轻产品成本，也扩大经营范围，这样在原材料上不受他人牵制。1937年“七七事变”爆发，时局不稳，就放弃了这个想法。1938年日军占领武汉，汉口冠生园各店关门歇业，工人们不得不出走重庆、贵阳等地谋生。

1945年抗战胜利后，武汉冠生园又恢复营业，新产品不断上市，品种更加多样。老武汉人可能还记忆犹新，当时经营的品种300多种，并根据市场需要和年节时令经营广东粽子、广式月饼、叉烧肉等风味食品，还有马利饼干、波士顿饼干和大花蛋糕。12只一打装盒的奶油西点，在武汉除了俄国人开的“邦可”店，就是冠生园有了。张泽銮还利用江汉路129号楼上餐馆，又增销广东风味的菜肴和中西大菜、各种包点。在楼内设“大光华”附店，专售糖果点心、瓜子、陈皮梅，每日通宵达旦，门前车水马龙，好不热闹。

1949年3月，经营武汉冠生园长达21年之久的张泽銮大量变卖生产设备，携款去往香港，厂店只得倒闭停业。解放后，武汉市市长吴德峰和市工会主席赵敏多次来了解情况，召开会议，筹集资金，重新开业。1956年，在党和人民政府的关心下，实行公私合营，曾把新香港、五丰、东生阳合并为冠生园食品厂（一年后又分开）。1963年厂店脱钩，餐馆和销售部门划归商业行业，食品厂在新华路马场角另辟新址，成为单纯的生产部门。

江汉路上的冠生园酒楼曾归江汉区商业局管理，酒楼制作的粤式菜点，为武汉又添了一道特别的风味。

# 连锁经营——伍亿丰

在武昌粮道街，当年曾有个伍亿丰杂货店，老房子还在，门上还竖立“人民公社大食堂”几个大字招牌，可已经不是什么食堂了，好像是一个杂物仓库，门可落雀。回想这个老字号，在当年可是门庭如市，顾客挤进挤出的，不然怎么有武昌人的一句俗话“伍亿丰，挤不通”呢？

## （一）

伍亿丰始创于清朝同治元年（1883年），创办人叫伍家模，之后传到伍秀章、伍正环、伍大芬四代。

这伍家模14岁就跑湖南学做生意，他为人俭朴，用的手帕破了，还要打补丁再用，从不乱花钱，是个兴家创业的好手。他首先在武昌粮道街胭脂路口开了伍亿丰福记杂货店。由于为人实在、精明、和气，店里品种齐全，质量好，一时间生意兴隆，财源茂盛。由此伍家很快发迹，又先后在三镇创办了7家杂货店，加上一家汾酒糟坊和1家米厂，讨了个“十全十美”的吉利。

要说武昌伍家模开的伍亿丰，还真是武汉最早的一家连锁杂货店，以武昌福记为总店，他分别在武昌开了六家，有大成路口永记、府街口即得胜桥的延记、草湖门游家巷口的和记、彭刘杨路口的长记、三佛阁即人民电影院斜对面的盛记；在汉口开了一家，即大王

粮道街伍亿丰旧址

庙的禄记（汉正街本来有一家，被汪玉霞挤走了）；在汉阳开了三家，即西大街的寿记、显正街的益丰米厂、裕丰糟坊。当时汉阳有一句话：“益丰的白米，裕丰的酒，糕点粮食寿记有。”你看，伍亿丰店铺的名气在汉阳有多大。

时间过得快，转眼到了20世纪抗日战争时期，日军侵占武汉后，伍亿丰杂货店都相继停业，店员各自逃难，店堂作坊设施被炸，伍亿丰像一位得病的人，精气神差多了。好不容易熬到抗战胜利，只有福记、永记、长记三家武昌店勉强再开业。永记改独家经营为合股经营，合股人有伍孝初、傅溢阶等，更名为伍亿丰昶记，由傅伯翘任该店管事。长记复业后，因资金困难，伍家与人合股，于1946年更名亿丰信杂货店。最后，还是老店福记支撑到解放后。

## （二）

老店伍亿丰福记在20个世纪30年代末期曾遭遇一次火灾，烧得狼狈不堪。说来蛮巧，惟独存放店堂中门的一听美孚煤油完好无损，本来水火无情，那煤油哪经得起熊熊大火。失火有时对于做生意的人来讲，预示今后的买卖会红火。这暂时不说，由于店铺办过保险，保险公司给予赔偿金1万银元。伍家老板以此为资，再筹集了一些钱，店铺得以重建开业。

重建后的店堂做得厚厚实实，外形还有点美感。怎么说？房屋仿英式外形，厚厚的四八砖墙垒过二楼屋脊，两个阳台的门楣上，红蓝绿彩色玻璃熠熠闪光。上沿4根方形柱高高挺立，中间两柱中衬托一半圆形饰墙，在四柱的空格内镶嵌福禄寿3尊菩萨，是为“三星高照”，十分气派。店堂内无站柱，一根直径粗约40余厘米的圆长木枕搁在两侧墙上，托住二楼，店堂后侧，一边一个接待室和客厅，柜内是木制地板，柜外是水泥地坪，经营环境十分讲究，这在当时的杂货业中算是不多见的。

常言道，“人要衣装，佛要金装”，“生意不好整柜台”，那火灾帮助伍亿丰重整柜台，店堂搞得清清爽爽的，哪个顾客不想进来看一看？这样，生意也就带动起来了，美孚给福记带来了福。

伍亿丰的第三代老板自己并不理事，请来号称武昌杂货业“三个半假人”的王少甫主持店务。所谓“假人”，指熟谙行情，八面玲珑，惯搞袖笼子生意的人。王少甫虽然长期从事邮政业务，但精通业务，擅长管理，所以把店子的生意搞得红红火火。解放前夕，福记店约有资金3000块银洋，你说，王少甫行不行？看来，还是要感谢那场火灾，一把火把能人烧出来了，美孚给福记带来了福。坏事真能变成好事啊！

(三)

这伍亿丰福记老板伍家模刚开始也是兴办的糕点作坊，每年一到端午节，就大量生产绿豆糕，八月中秋做品味独特的月饼，腊月大力生产酥京果、酥什糖，各种点心礼品年货等，深受顾客欢迎。但这些竞争不过武昌的老字号曹祥泰、汉口的汪玉霞等店。于是，在保留这些产品的基础上，伍亿丰设立酱园，搞酱咸菜。武汉人每年都要过长长的夏季，天热食欲差，人们想吃点酱咸菜，调剂胃口，这伍亿丰正好对百姓口味。

20 世纪 30 年代，福记的酱园规模较大，酱缸达 400 余口之多，一直摆到胭脂山上。平时有酱园师傅二人，忙时还要雇请 10 到 20 名临时工，做些切萝卜、串萝卜之类杂活。在蔬菜上市旺季，就大量收购腌制各种咸菜。新黄豆登场，就大批购进留一年的储存量，做成元胚、腐乳、晒制酱油，特别是经过伏天暑晒的伏油，质量好味道鲜，当时曾有伏酱秋油之说。他们端上柜台的有辣酱、红白萝卜头、酱油、醋、酱姜、酱瓜、雪里红、藠头、酸豆角、腐乳等，望着都流口水，闻着是酱菜香，哪个不想买点回去尝尝呢？所以往往供不应求。

还有蜡烛也是此店的传统产品，既是照明用又当祭祀用。此店的蜡烛是用油脂和棉花原料制成的，油脂有皮油、牛油和土榨加工的木脂油，烛心是棉花搓成的。花色品种较多，有条烛、分心烛、风烛、金子烛、画花方烛、龙凤爪烛、墩子烛等，重量分别为 1 两、2 两、4 两、半斤、1 斤等十几个品种。

据此店的老店员讲，伍亿丰十分注重质量，注重清洁干净，随时盖罩，防苍蝇蚊虫。强调员工一定要手净、衣净，穿戴工作服，严格按店里卫生操作要求制作。店堂出售酱货之工具，每日进行擦拭；酱油醋零售时，要用过滤纱布筛；坛罐盆钵盘器物都有罩盖。酱制品容易发霉生蛆，搞不好没有看相，还倒胃口。特色和质量是伍亿丰制胜的法宝。

## 从不愁卖——曹祥泰

曹祥泰是中华老字号，其主打产品是绿豆糕。曹祥泰的创始人是曹南山，是清光绪十年（公元 1884 年）开始创业的，走过了提蓝子、挑担子、摆摊子、开店子、办厂子的艰辛创业路。曹祥泰历经三世，最早经营干货、水果，后又经销大米、五金等，规模不断扩大，成为了武汉最大的门市杂货店，并增加了糕点铺。1910 年，“曹祥泰”福禄寿喜四店同开，分别为福记杂货店、禄记米店、寿记钱庄、喜记槽房。1915 年，在武昌都府堤创办祥泰肥皂厂，进入实业界，

改革开放初期的曹祥泰

生产的“祥泰警钟肥皂”是中国肥皂的第一代产品。1917年，“曹祥泰”西号开业，后为祥泰新百货号，进军百货业。1921—1928年，先后开祥泰禄记机米厂、铭新纽扣厂、经新针织厂。这里有他们几代人创业的故事。

（一）

曹祥泰创始人曹南山，13岁时丧父，幼年就负起上事老母、下蓄弟妹的责任。邻居见他无以为生，凑点钱，让他提篮子卖蚕豆。他的手掌大，总是抱着感恩的心，每次都比别的小贩抓得多，久而久之，人们都愿意买他的蚕豆，叫他“曹大把”。

曹南山后来又做水果生意，有一年六月下连阴雨，江边到的西瓜没有人要。店主曹南山根据气候变化的常识，认为久雨必晴，晴后必热，他花了几串钱买了两船西瓜，店子里放不下，就往家里放，家里放不下，又借邻居的家里放，家里人怨声不断。后来天气果然放晴，渐渐转热，以至酷热，西瓜由几个钱一斤，涨到几十个钱一斤，最后卖到一串钱一个，这样两船西瓜赚了四百多串钱，这成了曹祥泰发展的第一桶金。

拥有了相当的资金，他择地武昌长街新街口（今解放路）开起了“曹祥泰”，卖水果，兼卖杂货。

## （二）

如果说曹南山为“曹祥泰”的发展打好了基础，那么他的长子曹云阶接手后，又创造出新的商业神话。他这个人兢兢业业，勤谨务实。他一方面继续办杂货店，业务量比原来增长了四五倍；另一方面亲自抓进货，与本市和沪苏厂商有往来，且和英美洋行有联系，“僧帽牌”洋烛、“美孚牌”煤油和香烟都委托该店代销。

1932 年，他办起了糕饼坊，由一个单纯经销杂货的商店转变成为一个食品生产厂商。自制中式糕点，品种多，质量好，特别是各式月饼、绿豆糕和腌制盐蛋，每逢节日，商店门口的顾客总是排起了长龙。就连江夏、鄂州那边的农民都不怕遥远，前来办置过年过节的货品。后来在武昌流行一句民谚：“曹祥泰，不愁卖。”

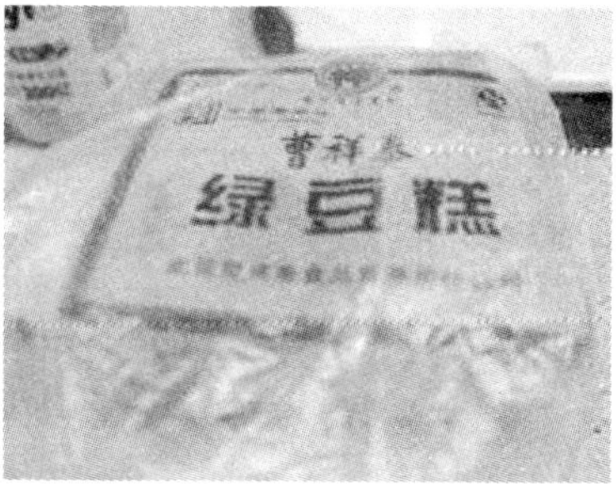

粮道街伍亿丰旧址

## （三）

曹云阶的次子曹琴萱，有科学知识，更有着强烈的实业报国意识。当时，肥皂产销被洋商垄断，于是他毅然决定办中国人自己的肥皂企业，先倡祥泰肥皂厂（今中华路）。创办之时，正值日本提出灭亡中国的“二十一条”，曹琴萱即以“警钟”作商标，图案是一口警钟，两旁配以“唤醒国民”四个大字。“警钟”肥皂行销广东及华中各省，是中国肥皂的第一代产品。

除“警钟”肥皂外，还生产“爱国”、“爱华”、“精中”、“醒鼓”、“和平”、“统一”等多个品牌，均以爱国主义为主题，其广告宣传词也以“提倡国货，换回利权”为核心。“九一八”事变后，曹琴萱特意在祥泰大楼顶层上制作警钟以表示“勿忘九一八，勿忘国耻”的大字霓虹灯，在武汉三镇产生了重大影响。与此同时，曹琴萱还派人向武汉市民大量免费散发《日本田中义一侵略满蒙之计划》，揭露日本的扩张野心，希望唤醒市民的民族意识。曹琴萱用他的实际行动一步步践行着“实业救国”的理想与抱负。

画家萧继石笔下的曹祥泰

## （四）

抗战前夕，是曹祥泰的鼎盛时期。武汉沦陷时，曹祥泰杂货店被日寇强占成了海军酒保，抗战胜利后才归还曹家。1946 年，曹美成从父亲手中接下祖业后，建立了行市、财务、总务、业务四大日志，每次都亲自圈阅签字。经营内容仍以食杂、水果、糕点为主，直至 1955 年公私合营，曹祥泰仍是年年赚钱，从未亏本。曹美成与柳亚子关系甚好。曹家数代经商，却出了个著名书画家曹立庵。他是曹慕尧之子，与郭沫若、齐白石、张大千、傅抱石等许多文化名人有交往，曹家也曾保留着他们的不少珍贵的原作字画。曹立庵还为毛泽东刻过两方印章，人们看到的毛泽东手书《沁园春·雪》，盖的就是其中的一方。

1956 年曹祥泰杂货店进行公私合营，旋改国营，更名为“工农兵副食品商店”。十一届三中全会后，“曹祥泰”牌名重新露面，焕发青春。

# 第三章

## 绮阁香绵砌 明月漾金樽

各位，还是说吃，本来嘛，民以食为天。唐宋时，武昌和汉阳经济繁荣，饮食业已经比较繁盛。这些范成大、陆游都有诗句记述，到20世纪30年代，汉口的酒楼餐馆当以吟雪、蜀珍、味腴三家为最。这吟雪大酒楼以鱼翅席出名；这蜀珍称酒家，在洞庭街原上海电影院旁；这味腴称别墅，四川人创办，在岳飞街口一栋小洋房内，比前两家都高档，前来饮宴者多为达官巨富。每日不过10桌，其酒席极别致，有爆虾仁、爆双脆（肚尖腰花合爆）、炖银耳鸽蛋、炒山鸡片，也有鱼翅海参等名菜。

武汉三镇过去商贾云集，五方杂处，饮食业善于吸取湖、广、川、徽、越各地风味，逐步形成以鱼类菜肴为特色的鄂菜传统。

汉口六渡桥的“老会宾楼”专门承办同业公会成立或改选之类的筵席，被称为是集楚乡名菜之大成者，著名菜点如清炖甲鱼、桔瓣鱼圆、红烧青鱼等。老大兴园专烹鮰鱼，有三代相传的“鮰鱼大王”。武昌大中华酒楼创制“武昌鱼”，什么清蒸、油焖、网衣、滑溜等十八般厨艺围绕“武昌鱼”大做文章。“新兴”大酒楼善于烹制“青鱼划水”，“郭镒泰”的鳝丝、鳝片也不错。

回想起来，武汉的饮食网点搭配还是比较讲究的。清真菜馆有“东来顺”；想吃点野味，上汉阳的“野味香”；苏浙风味有“中南春”、“五芳斋”，京津风味有德华楼，粤式菜点有“冠生园”，四川特色当属“川味香”、“芙蓉”，不胜枚举。

汉口特别是江汉路是个比较洋气的街市，西餐馆也有几家。1913年建成的汉口大旅馆所设“瑞海”西餐厅首开风气。此后一江春、普海春陆续开起。这里要说的普海春不在于西餐如何如何，而是曾前来这家老字号相聚的社会名流，可以写出国共二度合作的最美篇章。

这正是：胜友常临可修食谱；高朋雅合任选山珍。

## 鄂菜之地——老会宾

美食家都知道，到一个地方品尝美食，都注重当地具有特色的本帮菜。而老会宾楼就是曾经展示湖北菜肴最佳之处。老会宾的肉圆子又大又泡，以前有人来这里做客，有的还舍不得吃，偷偷用手帕包几个带回家，有的人还以曾经来过老会宾为炫耀。可以说，老会宾楼的美味对于老武汉人来说，记忆难忘。

老会宾最早的老板叫朱荣臣，汉阳县朱家老台人（今属蔡甸），十多岁来汉口大观楼，也是茶馆兼酒楼里跑堂。早在1898年他与

老会宾酒楼

老会宾楼的餐票

两个兄弟在沙家巷合伙开过餐馆，取了一个时尚的名“维新酒楼”，变法失败，赶紧改名“精谷酒楼”。店名改来改去，但生意起色不大。到了 1929 年，朱老板选址三民路开了这家餐馆，一楼卖大众化的盖浇饭和小吃，二楼搞酒席宴会，那时三民路是汉口的闹市区，高档的和低档的都做，生意自然红红火火。为了给酒楼取个好名字，朱老板自觉文化低，要他的儿子朱世泽从中华书局出版的《中西菜谱》中选择相拼而成“会宾”二字。

武汉被日本人占领时，朱老板回老家避难，1939 年想不过又回汉口复业，但有一个日本商人在离“会宾楼”不远处（原健民药店）开了一家“会宾楼”，企图以假乱真抢生意。朱老板还认真地跑日本领事馆打官司，那日本人还不袒护日本人，朱老板遭败诉，气得他只得将招牌上加一个

"老"字，成为"老会宾楼"，以示区别，当然我们的老市民肯定说这才是正宗的，日本人开的是"水货"。

坏事变成好事，朱老板的诚心招致天下老朋新友汇聚而来，主要还是这里有着地道的本帮菜，老会宾楼远近闻名。1945 年日本投降后，著名的"杏花楼"、"燕月楼"等相继歇业，一些京、苏帮的名厨师云集老会宾楼，技术力量雄厚，湖北风味加京苏风味，老会宾成为武汉三镇最著名的一家酒楼。那巨商富贾，知名人士，纷纷光临。如京剧艺术大师梅兰芳，影坛明星胡蝶，楚剧名演员李百川、沈云陔、汉剧名演员牡丹花、胡桂林、周天栋等，都曾在此举行宴会。解放后，1955 年率先实行公私合营，经过社会主义改造，老会宾坚持楚乡风味，不断挖掘传统的经营特色，特中求更特。

老会宾宾馆

老会宾楼自开业以来，名师辈出，如特级名师宗良植，从事烹饪近六十年，精通红白两案。1958 年党的八届六中全会在武昌召开，他制作的宴会名点"五叶梅"，毛泽东、周恩来等中央领导同志品尝后，十分赞扬。还有特级厨师李贤皋、宴会设计师赵子舟，以及特级厨师汪建国等，可谓名师荟萃。

1982年6月1日，新楼建起，据说投资160万元，又重新恢复昔日的老字号，定名“老会宾”。那天，新楼开业热闹非凡，楼上楼下挤满前来祝贺的或参观的人群。一楼“楚秀厅”专供湖北风味的面点小吃，“一品酱肉大包”最为闻名；二楼、三楼分别设“东湖”、“琴台”、“白云”、“黄鹤”四厅，供应风味菜肴，承办酒席宴会。

这些美好的回忆只能留存在记忆中了。

## 因时而变——德华楼

六渡桥附近的德华酒楼也有九十多年的历史了。在老武汉人眼里，德华楼二楼的京津风味的炒菜，一楼的北方水饺、天津包子很有名气，过年前买水磨年糕更是排成长队，受人称著。

### （一）

1924年，天津人李焕庭在汉口创建得华楼，由于经营得法，赚到银子就回老家了。临行时，他对接手的人讲，如果有人以“得华楼”继续开餐馆，那必须改名，以示区别。1931年，又是几个天津人——陈世荣、曹树召、陈大友等合股，在汉口中山大道民众乐园正对面

20世纪80年代的德华楼

一栋二层楼的板木房，以“德华楼”的招牌开办了一家餐馆。哪知那年武汉发大水，市区都被淹，新店只得停业。水灾过后，陈大友接手，继续开业，更名为“天津德华酒楼”。也由于管理不善，资金耗尽，不到两年也关了门。

伙计们要吃饭啊！老板关门，原掌作师傅李晶珊、堂头周秉山两人商议东山再起，于1934年集资2000余元，雇工30多人再度开业。营业面积不算小，约有500平方米，再把店堂整治装修，聘请名厨刘开榜、龚虎臣等人做鮰鱼菜，霓虹灯广告在店门上方闪烁，蛮招引人。这鮰鱼肉质细嫩，味极鲜美，“红烧鮰鱼”成菜色泽金黄，汤汁纯净。粉蒸鮰鱼也是此店的招牌菜。此店就在民众乐园对面，开演前散场后都是顾客盈门，生意好得不得了。就说1938年，员工增至70余人，可见规模不小。

武汉沦陷后，日本商人看中这个地方，强占店房，开办汽水厂，德华楼又一次熄了火。到1945年抗战胜利，原店房虽归还，但炊具设备早不知去向，李晶珊与周秉山只得另起炉灶，重新组股恢复营业，但做鮰鱼的名师不再好找，就另改其他风味，但不为顾客所接受，生意慢慢清淡。

## （二）

说起来，现在的德华楼原来都属于中南旅社，1924年由黄冈人方本仁所建，四层钢筋混凝土结构，沿中山大道和三民路两边跨角。解放后，德华楼实行公私合营，经过江汉区商业局调剂，1960年搬到这里。当时德华楼技术力量雄厚，有全国著名特级厨师万德森、李顺炎掌厨，前堂有著名服务师叶海珊、李德富挂牌服务。厨师们所制作的菜点，继承和发扬了宫廷清真京津传统风味，其中煎、炒、爆、溜、烧、煮等烹调技艺闻名全市，其著名菜肴有：抓炒鱼片、爆双脆、三丝鱼翅、三鲜海参、溜桂鱼片、红烧鲍鱼、八宝香酥鸭、挂炉烤鸭、全福甲鱼等，深受顾客欢迎。与附近不远的老会宾楼形成六渡桥的两大王牌餐馆。

## （三）

德华年糕是他们的传统产品之一。据周围的老人们回忆，最初是由踹糍粑演变过来的，在隔壁惠民里巷子里用手工踹打，接着做黏糕，后来改作年糕，从手工而改进小机械加工生产，这样产量逐步提高，市场销售蛮好。其实，做年糕的工艺很有讲究，从泡米、磨浆、蒸制、摊晾等得上

德华楼名厨李顺炎等

十个小时，哪道工序不到堂都不行，尤其是火功要大火成气。德华年糕之所以好吃，就是靠的传统工艺和科学配方。多年来，沿袭前铺后坊坐店经营，由于保鲜期短，只在冬季才能生产年糕。1998年后，德华楼实行股份制改造，在全市最早进行技术革新，改进了机械设备，取代了人工体力劳动，使年糕产量成倍增长。2004年，德华楼购回国内最先进的自动化生产线，将抽空无菌袋装年糕正式投入生产，经过了质量技术监督局检验通过，批量生产出多品种的抽真空无菌袋装年糕应市，成为全市年糕制造业的首家。

目前因修地铁线，老德华楼拆迁了，他们在附近清芬路租得一间店铺，又打出德华包子这一品牌，加上古香古色的店门、宽敞明亮的店堂，每天顾客盈门，生意红火。德华楼因时而变，不断追求，这是他们比其他老字号过得好些的法宝。

## 又食武昌鱼——大中华

在武汉餐饮业中，徽州菜馆曾颇有盛名。曾几何，徽州人来武汉经商的人特别多，随之而去的徽菜馆、酒楼也遍布武汉三镇。其中最著名的有光绪年间开设于黄鹤楼对面的同庆楼，继之而起的有“海洞春”酒楼和“大中华”酒楼。

（一）

这大中华酒楼的创始人章在寿，12 岁就进武昌同庆楼当学徒。当时同庆楼在斗级营，经营的是烧鱼面为主。由于章在寿勤劳肯干，得到老板胡桂生的赏识，因而学到了一手徽帮风味的手艺。

1930 年章在寿离开了同庆楼，与陈明开等人合伙顶下芝麻岭的五香斋面馆，仍以经营红烧鱼面为主，兼卖点炒菜。几个人搭伙求财，同心同力，注重特色，讲究质量，生意日益兴隆。在股东中有三人是在上海学艺的，当时上海有三家徽州餐馆，店名都叫大中华，于是他们在 1932 年把店子搬迁到柏子巷口（现彭刘杨路），重新开店的名字就叫大中华。

在 20 世纪 30 年代，餐饮业一度较繁荣，竞争日趋激烈。在大中华附近就开了“汤四美”汤包馆、蜀珍川菜馆，加之汉宾酒楼、味腴餐馆等，都对大中华构成挑战，其中尤以“汤四美”汤包馆最为厉害。此店主打产品是汤包，也兼带小炒，还承办筵席，其老板汤荣昆的活动能力强，当时的震寰、裕华、一纱等几个大纱厂、还有米厂、电厂等客户都被他拉到“汤四美”。面对同行的竞争，大中华又扩建了三楼，布置为活动客间（相当于今天的包房），可大可小，以适应各类顾客需要。

武昌大中华酒楼

在经营上，严把质量关，以优取胜，进货选料从严，为保食物新鲜，做土冰箱储存食品。用原汤做菜（那时没有味精），以增加菜肴的味道鲜美。厨师精研菜谱，保持特色风味。不久，上海那边发生战事，许多有钱的下江人逃难来到武汉，他们对大中华也独有钟情。1936年，大中华赶紧修建了一座500平方米三层楼房，开始经营徽、浙名菜，以迎合顾客，生意特好，此时是大中华在解放前最美好的时光。

## （二）

1949年迎来武汉解放，大中华获得新生。

1958年8月初的一天，武汉市委通知大中华酒楼，有位中央首长要用餐，要品尝武昌鱼，要做到“原料新鲜、烹饪精细、特色浓郁、品种多样”，请准备。接到任务后，经理立即召开厨师会会议进行布置，认真研究武昌鱼宴的菜谱，特别设计了10道菜，如清蒸武昌鱼、杨梅武昌鱼、松鼠鳜鱼、抓黄鱼片等，两道徽式传统鱼肴是鲭鱼划水和清炒鳝糊，另外两道蔬菜，一道空心鱼圆汤。设计好后，当晚经理又接到市委通知，要将菜谱提前报去。事后，厨师们才高兴地得知品尝他们手艺的是毛主席。不多久，毛泽东发表了著名的《水调歌头·游泳》诗词。

当时武汉财办主任王健提出要求，要根据毛泽东的诗句搞个“武昌鱼”，随后，市财办邀集全市名师共同商讨研究如何开发这个新菜品。经过大家的集思广益，认为学名叫团头鲂的鱼，即民间所称

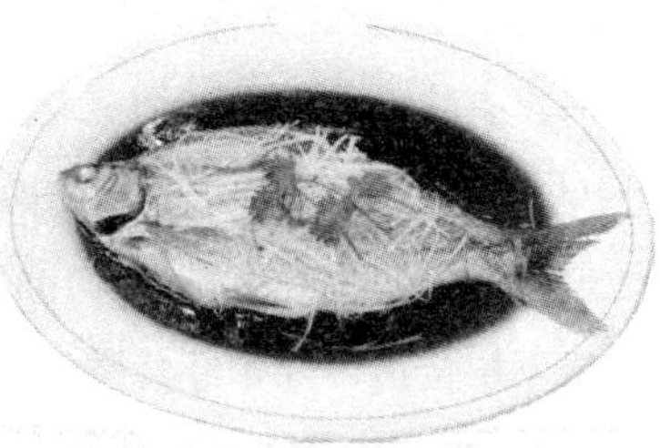
大中华酒楼制作的清蒸武昌鱼

的樊口鳊鱼，可定名为武昌鱼。此鱼肉质鲜嫩，形如银盘，是湖北特有代表性的鱼种，恰好也是毛泽东所品尝过的鱼。为了更加突出武昌鱼形象，1959 年市委专门召集全市大宾馆厨师在大中华召开武昌鱼命名大会。这以后，大中华酒楼在店门挂上毛泽东的“才饮长沙水，又食武昌鱼”的诗句，并用“武昌鱼”菜名对外营业。说起来，大中华有别的酒楼所没有的“特权”，对武昌鱼是特供，哪怕是三年自然灾害，物质非常紧张，老百姓要凭票才能购买一般的鱼，但在大中华一样可以尝到武昌鱼。许多食客慕名而来，节假日的时候，订座位还要托熟人找关系。可以说，那个时候是大中华解放后最辉煌的岁月。

## （三）

时光流逝，转眼到了改革开放时期，大中华又重新恢复老字号，门面曾进行三次全面装修，经营环境大为改观。

伴随着酒楼的兴旺，大中华倾注对“武昌鱼”烹饪制作和研究开发，在清蒸、油焖、网衣、滑溜的基础上，逐步发展到有数十个品种。如花酿、杨梅、干烧荷包、梅花、菊花、茅台、蝴蝶武昌鱼等。其中以杨梅武昌鱼颇受顾客赞赏。菜品端出，只见色泽红润，形似杨梅，外酥里软，清香扑鼻，润滑爽口，酸甜味美。此酒楼还创新包括鳊鱼、鳝鱼、鳜鱼在内的“全鱼席”系列菜品及一鱼多吃，推出了“红枣炖甲鱼”、“虫草八卦汤”、“莲蓉鱼夹”等一批滋补食疗菜肴，还发掘整理荷香鱼、鱼羹等一批具有楚乡风情的传统名馔。

值得一提的是，大中华不仅以徽菜起家，后又逐步融合湖北菜的特点，创新出武昌鱼为代表的新鄂菜风格，而且培养了一大批烹饪技术骨干和人才。最出名的是卢永良，他在老师傅的传授下，能做出 300 多种风味菜肴。在 1983 年全国烹饪名厨师表演会上，烹制的海参武昌鱼等四道湖北名菜，以独特的风味，受到专家和各方人士的好评，获得全国最佳厨师的光荣称号。

## 名流荟萃——普海春

谈到汉口的西餐业，江汉路上最有名的无非是两家：“普海春”和“旋宫”。汉口江汉路洋味十足，在 1921 年开办的“普海春”就是许多人品味西式大餐的地方。那里厅堂宽敞，富丽堂皇，豪华气派，是一个有品位、上档次之处。每天都是车辆盈门，小型汽车与人力黄包车横直摆在马路旁，造成像如今的堵车。

“普海春”是何人开办的，现在还不得而知，这不重要，但来

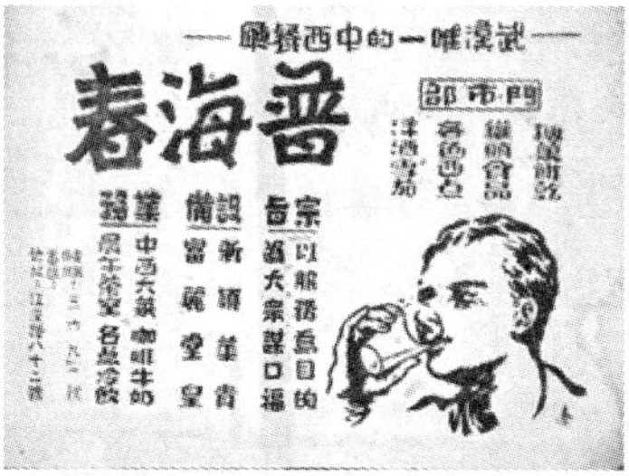

江汉路上普海春的广告

普海春西菜馆消费的“嘉宾”实在太重量级，太不寻常了。仅以大革命时期的1927年为例：年初，力主首都暂驻南昌的蒋介石，和武汉临时中央当局发生分歧，为了打破僵局，蒋介石于1月12日来汉周旋，在三楼301房间办过公。三天后，他选择在此酒店设宴回请各界代表。在4月13日，由国民党湖北省党部代表董必武、詹大悲主持，在此店宴请从海外归来不久的汪精卫。到了5月30日，全国农民协会、湖北省农民协会在这里宴请出席太平洋劳动会议的代表，毛泽东还在会上致词。他说，中国农民运动，将与世界无产阶级携手前进。6月，第四次全国劳动大会在汉口开幕，湖北全省总工会、湖北省农民协会于23日晚设宴普海春表示欢迎，致辞名单中就有时年29岁的刘少奇。

1938年武汉成为当时全国抗战的政治和文化的中心，许多外国进步的文化界人士纷纷前来采访报道，或以各种方式欢迎会都在普海春举行。那年的3月27日，全国文协成立大会在汉口总商会举行后，中午全体代表在普海春聚餐，由冯玉祥将军做东。

4月1日，此店召开了欢迎日本进步作家鹿地亘夫妇的欢迎会，郭沫若、沈钧儒、邓颖超、郁达夫、田汉、史沫特莱等都参加了这次盛会。4月22日，这里召开欢迎荷兰电影导演伊文思、助理导演万农、匈牙利摄影师贾白兰三位艺术家和新西兰著名作家威尔金笙女士的大会。大会由田汉主持，沈钧儒，孔庚、方振武、钱俊瑞、金山、安娥等均相继致辞。伊文思等从前线实地拍摄抗战纪录片胜利归来而受到我方欢迎。5 月 27 日，在此店招待从津浦前线采访归来的记者团，出席招待会有中共在武汉的领导人陈绍禹、博古、吴玉章、潘梓年等人。

冼星海与钱韵玲在普海春的订婚照

7 月 10 日，武汉演剧界在此店举行茶会，欢迎政治部抗敌剧团在津浦前线进行慰问演出归来的全体演职员，包括郑君里、瞿白音、舒强等戏剧界著名人士。他们在津浦北段突围未果，乃辗转迂回鲁南、皖北、苏西北等敌军后方绕道返汉，其中演员赵曙在中途中弹牺牲。参加这次欢迎茶会的就还有唐纳、马彦祥等名流。7 月 20 日，汉口普海春还举行过一次浪漫温馨的订婚仪式，新娘是武汉一位小学音乐教师钱韵玲，新郎则是大名鼎鼎的作曲家冼星海。

# 第四章

## 特色小吃　美名远扬

武汉人生活除了两餐正餐，还有过早、过中、宵夜。特别是早上喜欢在外过早，每天不重样。武汉小吃有那么多可供选择吗？不用说，还确实可以土洋结合，品种繁多，干湿搭配。

武汉人的小吃还是以米当先。因为在明清时期，汉口是全国三大米市，米业的发展促使人们善于利用碎米来制作食品，如以黄豆而掺和的油炸面窝，武汉独有。还有各种米粑粑、以绿豆为掺和而成的豆皮、豆丝、以糯米为主角的烧梅、糍粑、年糕等，还有独特的鱼糊汤米粉配油条。

武汉地处东西南北交会之地，曾几何，迎八方客，汇四海宾，口味陈杂，带来各自家乡饮食习俗，这些在武汉得到融合、接受、模仿。汤包是来自淮扬，但武汉的“四季美”把它演绎成适合本土口味的产品。

热干面是武汉人的独创，但解放前并不火热。那时人们还是一种慢生活，喜欢在甜食馆里斯文地品味烧梅、汤包、油香。到了解放后，工作越来越忙，上班的距离又远，吃了耐饿的热干面就正好符合现代人那种简单快捷的生活方式。满城飘散着芝麻酱的香味，老百姓心里还是认可老字号“蔡林记”。

这正是：过早要去户部巷；宵夜勿忘吉庆街。

## 风味独具——老通城

100 多年前曾流传这么一个故事。那时，武汉有个姓杨的老板开了一家豆丝馆，一天下雨，豆丝没法晒干，帮工的厨子舍不得浪费粮食，就把做米酒的熟糯米和没卖完的杂细肉当馅，在锅里炕成了豆皮，端上餐桌，深受顾客欢迎。于是就这样，光豆皮就问世了。其实在我们湖北农村，四乡贫民为了谋生，用豆丝作皮，熟糯米加香葱作馅，逢赶集便挑到镇上去，用煎锅炕热了出售，这大概是最早带素馅的豆皮。

豆皮是武汉独具特色的小吃，有名的还是老武汉印象中的“老通城”。

（一）

“老通城”开业于 1929 年。老板叫曾厚诚，又名曾广清，汉阳人，年轻的时候当过蜜饯作坊工人、旅店茶房和戏园茶房头佬。此人善于交际，会做生意，别人就拉他合股开旅店。赚了点钱，他

20世纪80年代的汉口老通城

厨师正制作豆皮

自己就在汉口大智路3号独资开了一家小店，由于小店紧靠城门，他取名“通城饭店”，意思是出了小店就可进城。他以卖甜食为主，经营豆皮、瓦罐鸡汤、莲子羹、汤圆之类。过去，这里离汉口火车站不远，又靠近租界，来往的人多，买卖倒还不错。可惜好景不长，日本人打过来，曾老板只得遣散厨师，闭门逃到重庆。抗战胜利后，他才赤手空拳回到武汉，找亲戚借了200元钱，重操旧业，并改“通城”为“老通城”，以示该店资格老，美味佳。1947年曾老板把豆皮高手高金安请来。

说起高金安，此人不简单。高是汉阳人，生于1918年，14岁时进花楼街福寿居甜食馆当学徒，跟店老板学做豆皮和各种甜食品。出师后，在武昌杨洪发当甜食师傅。1936年，高金安在汉

曾位于大智路的老通城

口益寿居甜食馆当甜食师傅，专做豆皮。此时的豆皮是荤豆皮，馅子放有肉丁、榨菜，工艺大有提高。当高金安来到老通城后，专做“三鲜豆皮”，他把配料去掉榨菜丁，选用鲜蛋鲜肉，馅心配料有猪头肉、口条、叉烧肉、虾仁、香菇、玉兰片等。他将糯米蒸一次用一天改为蒸一笼，炒一笼，用一笼，糯米既热又上味。豆皮浆磨一天用一天改为随磨随摊，保持浆清、新鲜，达到皮薄外脆。由于选料严格，煎制精细，老通城的三鲜豆皮具有皮薄、面黄、外脆、内软、料全、油重、味香、馅鲜、爽口、不腻的独特风味。

曾厚诚得到高金安师傅，如获至宝，还不惜花费资金在三楼装上“豆皮大王”的霓红灯，又在电影院和报刊上大登广告招徕顾客，可想而知，轰动效应就出来了，生意也就打开了，许多老食客干脆把老通城的三鲜豆皮简称为“老通城豆皮”。

## （二）

曾厚诚在店前打点生意，而他的儿女却是革命工作者，其长子曾昭正和长女曾子平都是早年参加革命的中共党员，于 1935 年至 1938 年之间，利用老通城饮食店和大智旅社，为地下党潘琪（曾任交通部副部长）、李锐（原名李厚生，曾任水电部副部长）、黄民伟（曾任全国总工会副主席）、汪云（原上海市市长曹狄秋的夫人）和其他同志提供食宿方便，还把曾厚诚的经理室和老通城饮食店后门相通的公新里6号住宅作为这些同志秘密接头后开会的地方。著名的音乐家冼星海也曾在这里谱写过《太行山上》、《游击队之歌》等不少歌曲。

值得骄傲的是，毛泽东主席在1958年4月3日和9月12日视察武汉时，曾两次到惠济路老通城分店品尝过豆皮，留下了“国营要更好地为人民服务”的谆谆教导。其他领导人如周恩来、刘少奇、、董必武、邓小平、贺龙等来武汉时都品尝过豆皮，无不大加称赞。

## 木秀于林——蔡林记

满城尽爱热干面．满城尽卖热干面。热干面是武汉人的需要和骄傲，而蔡林记则是热干面的老字号。

### （一）

20世纪30年代初，黄陂县蔡家榨镇人蔡明纬为了谋生来到汉口，在长堤街、满春街一带挑担卖面，手中拿个小皮鼓边摇边叫卖。当时卖的面有点像广州的捞面，生面下锅煮熟到顾客手中，比较费

20 世纪 80 年代蔡林记热干面馆及热干面

时间又费工夫，老蔡就在家里事先将生面一次下两三斤，煮个八成熟后捞起来倒入冷水盆中浸泡，然后又很快用右手抓起来挽到左手的四个指头上，形成一圈圈小把子放在簸箕中存放待用。当顾客买面吃时，只把一个面圈放入开水烫一下，倒入碗中加佐料就可食用了．这种面叫把子面。

随后，老蔡又动脑筋，他早年在汉口华清街天保和中药店当过学徒，老板爱吃香麻油拌面，老蔡当年又经常路过一家小麻油作坊，沁人心脾的小麻油和芝麻酱香味给了他灵感：何不试着用芝麻酱作拌面的调料呢？他把把子面加上香葱和芝麻酱，很受顾客欢迎，老蔡把它叫麻酱……老蔡年幼得过天花，满脸麻子，老顾客搞熟了，就开口叫“蔡麻子，来碗‘麻’酱面”，那时老蔡也不在乎。后来，他又把八成熟的面淋水弄干、加油、扇冷散开存放待用，这就是热干面的雏形。

解放前，汉口满春路像北京的天桥，五花八门云集于此．现在的满春路 1 号就是原来的满春戏园．老蔡腿有些不便，就固定在戏园门口摆摊卖面。1945 年抗战胜利后，陈万祥在满春路口盖了几间二层楼房，第二年春季老蔡就租了其中的一间开面馆，买了一台压面机雇请了工人，还把在外剃头为生的弟弟蔡明经接回一起干。开起面馆自然要起店名，刚好门前有两棵苦楝树，又是兄弟俩卖面，双木为林，预示着吉祥兴旺，老蔡就取名叫蔡林记。老蔡还请当时写招牌的名家“太原路达”书写了“蔡林记”大字招牌。这触景生情取的名字没想到后来成为热干面的代名词。开张果然大吉，浇上芝麻酱就叫麻酱面，盖上几片卤牛肉叫牛肉面，浇点猪肉丝叫肉丝面，品种还蛮多样。

1950 年初，老蔡拿出 20 年的积蓄，大约 7 千银元，还向陈义兴借了千元大洋，在中山大道厚生里口买了个 20 年承租权的房子，这样蔡林记搬到了中山大道 876 号，生意也很不错．但铺面不大，只能摆四五张桌子，因此只能单一卖麻酱面。这一年秋天，工商税务部门来登记经营项目，老蔡心想，以前受人欺负，现在解放了，这麻酱面要改名字了，于是在经营项目栏上改成热干面。

## (二)

1955 年是该店创立以来发展的巅峰时期，那时国家大力恢复国民经济，鼓励手工业发展，蔡林记的热干面越卖越红火。那一年进行社会主义改造，“蔡林记”改为公私合营，11 年后国有化，改称为“国营武汉热干面馆”。

由于厚生里口的面馆太小，20 世纪 70 年代，当时市财办主任王健为保持这一具有武汉特色风味的热干面，特建议将原水塔对面

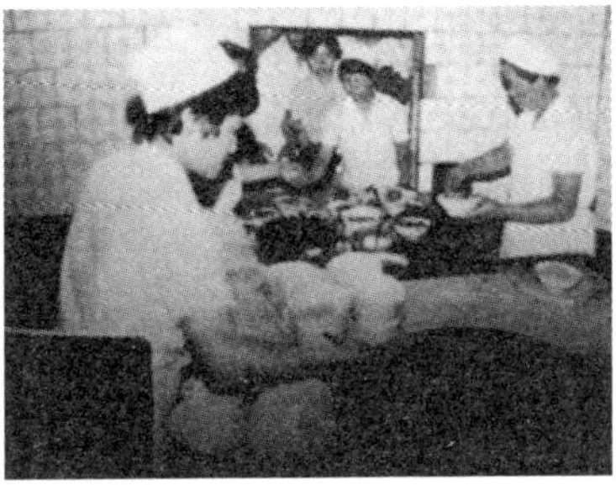
20世纪80年代蔡林记热干面馆职工为顾客烫热干面

的汉口野味香餐馆搬走，扩大为蔡林记热干面馆。1973年该店曾达到日销售面粉60包的高峰，每天进食的顾客川流不息，数十张方桌座无虚席。

20世纪80年代，蔡林记还走红了一段时间，那时可谓门庭若市，只见师傅们按顾客的要求（如有的烫面要烫久一点），一一满足．然后装进碗里，淋上一圈芝麻酱，中间加上萝卜丁，榨菜丁、翠绿的葱花，还有胡椒、味精和小麻油、辣椒油等，看上去真是色、香、味俱佳．拌匀后挑面进嘴，晶洁爽口，香、鲜、辣，若放点香醋，还酸中带甜，令人回味无穷啊！

一群勤劳的小商贩，开创了热干面的流行时代；一碗普通的热干面，展现出几代人的执着喜爱；一个繁华的大都市，演绎着“蔡林记”的过去和未来。衷心期望，一个响亮的“蔡林记”崛起于新世纪的华中大地。

## 小吃精做——四季美

在武汉最繁华热闹的中山大道与江汉路交会处，有一家汤包馆，

位于江汉路的四季美汤包馆

四季美的汤包

取名为“四季美”。该店的小笼汤包也是武汉小吃的知名品牌，鲜美可口，油而不腻，佐以酱醋姜丝等调料，食之尤为爽口。平时常常是顾客盈门，生意红火。

(一)

说起来“四季美”汤包的名声大噪，距今已有半个世纪。清代光绪年间，汉阳马鞍山田家大湾的田玉山 14 岁就随父亲在一家老板叫马林芳的牛肉馆做红白两案。田玉山做事勤快，脑袋灵活，不仅学得手艺，还学会“生的弄熟，对半出头”的经营之道，早就萌生了自己做生意的念头。一天，田玉山捡到了两张面值一串钱的官钱票，兴奋不已，下决心要干一番事业。父亲还帮他借了八串钱，凑足十串供他做本钱。田玉山也摆起摊子卖牛杂碎，风风火火干起来，赚了一些银两。无奈不久当局禁止当街摆炉，要掀他的摊子，田玉山只好改行卖水果，终日挑着担子游走或“坐街檐头”。后来总算在巷子口蹭到一个小门面，田玉山打出“水果大王”的招牌，就这样做着小本生意。

日积月累，到了1922年，田玉山重操旧业，选择花楼街与交通路口“萃仁旅馆”对面的巷子里做餐饮。开始还是小打小闹，春卖春卷，夏卖冷饮，秋卖蟹黄包子，冬卖猪油葱饼等。资本积累到一定程度，田玉山不惜高薪从南京请来名厨徐大宽掌勺，以礼相待，待如家人，徐师傅也把自己视为田家的一员。先做葱油饼，每天工作十一二小时，这是老四季美迅速发展的最关键的一步。后来由徐师傅建议，做起小笼汤包来。

（二）

小笼汤包原本是江苏镇江一带的著名小吃，但毕竟是苏越口味，江南人以甜味为主。田玉山就结合汉味特点，改为咸鲜味，这可算是武汉汤包的第一次“革命”。徐师傅对汤包里“汤”的制作程序严格，第一步熬皮汤：用鲜猪肉皮下锅煮半熟，去净猪毛与浮膘，用绞肉机绞碎，放入佐料。在配料上是鲜肉皮加清水、酱油、精盐等，一同拌匀。肉皮等熬至糊状，起锅加入胡椒，用盆摊凉，放入冰柜中成冻。第二步，在选肉上，只能用一指厚的膘作肉馅（由于田玉山坚持非一指膘的肉不进，被人们送个外号叫“一指膘”），用后腰和前夹，去净肉皮剁碎，或用纹肉机绞碎。净肉加清水、胡椒、酱油、小麻油，再与皮冻拌匀，成为肉馅。第三步为制包。用头等面粉掺酵面，吃水，用力揉匀，搓成长条后，摘成小粒，擀成四边薄、中间略厚的皮。每张皮上挑上适量肉馅，即成红白相间的汤包。

每笼蒸 11 至 14 个。此外，随吃随蒸，还要掌握“熟食一口气”的火候，都要一丝不差。蟹黄汤包要用阳澄湖大鲜蟹等，不得以次充优。如此食鲜物美，怎能不受到武汉人的喜爱呢？

其实，最早的“四季美”门面并不大，据老人回忆说，面积大约 30 平方米，一楼一底，店堂狭窄，楼上楼下两侧靠墙仅能摆半圆桌 5 张，中间留有一个走道，最多仅能容纳 40 多人。并非只卖汤包，还卖各种汤面、煨汤、油氽排骨、软拖黄鱼、花三鲜等江浙菜点。店名要有个牌号，大约在 1927 年，田玉山找到武昌首义中学的老师陈映梅。陈映梅记得民国初年汉口回龙寺和长胜街有两家下江馆子都叫过“四季美”，就建议他改用此名。田玉山觉得这样有点不地道，怕惹麻烦，取店名叫“美美园”。不料，1937 年，其侄儿田泽春在对面开了家“四季美”，也做汤包，跟他唱对台戏。这下似乎激怒了田玉山，他索性把自己的招牌改成“老四季美”，以示区别，由擅长行书的陈映梅题写出这金字招牌。田玉山的生意越做越火，不仅挤垮了“四季美”，还盖过了附近也兼营汤包的“大红楼”、“竹帘春”等酒楼。田玉山最鼎盛的时候，在民生路、四官殿开了 4 家分店。“老四季美”四季飘香，解放前几乎成了武汉小吃行业的代名词。

## （三）

真正使“四季美”小笼汤包成为武汉著名风味小吃，还是名厨

四季美名厨钟生楚向职工传授技术

钟生楚坐镇“四季美”以后的事。钟生楚综合了“四季美”几个厨师徐大宽、张老六、李干庭制作汤包的经验，又根据武汉人的口味，在镇江汤包的传统做法上，加以改变革新。原来镇江汤包的馅心用的“皮冻”（用原汤和肉皮熬制）不多，汤汁少，钟师傅根据武汉人喜爱喝汤的特点增加了皮冻的比重，一般每斤肉馅要掺6两皮冻。镇江汤包是用发酵面刚刚发起时做的，钟师傅是用70%的子面加30%发酵面做的，这样既可使面皮少吸水，避免穿底，吃起来又有“咬劲”。

钟生楚选料极为讲究，制作精细。主要选用本地土猪肉，将猪肉剔去杂质，碎骨洗净，剁成肉茸；把猪肉皮刮去绒毛洗净，置于旺火沸水锅中煮到手指能掐动时捞出。洗净晾凉，用勺不断搅动，直搅到皮汤融合一起，冷却成肉皮冻；把肉茸入盆加以姜末、黑胡椒、味精、绍酒、白糖、小麻油等调料拌匀成肉馅，搓揉均匀，逐个揪成面团，轧成薄薄的面饼。包制非常讲究：要“送叠花纹”（行话叫甩球）要捏成18至22道细细花纹，呈水纹形；包子口形似鲫鱼嘴，肉馅微露。然后将包好的生汤包置旺火沸水锅上，即告制作过程完结。吃汤包要随点即做，现蒸现吃，一热三鲜。当一笼一笼的汤包由服务员连笼带台盘端上桌时，开笼一看，汤包呈白色，汤包鲫鱼嘴内饱含汤汁，花纹均匀美观，看上去恰像一朵朵开在深秋的白菊，肥硕可人，馅成球，汤浮馅，吹一口长气，馅球会在包中转动（行话叫“脱核”），吃起来，佐以姜丝、酱油和醋。前来消费的顾客对吃汤包也有一定的讲究，即三字经：“轻轻提，慢慢移，先开窗，把汤吸。”即先咬破包皮，然后吸汤吃馅，酸、甜、咸，诸种味道适中，一齐充盈口腔，慢慢沁入心脾。细细品尝，感觉钟师傅做的汤包就是不一样，味道鲜美异常，皮薄如纸，包馅柔嫩，汤汁泛着诱人的香味，爽口不腻，留有余味。四季美的小笼汤包成为了受市民欢迎的独具武汉风味的著名小吃，钟生楚因而成为名震三楚的一代“汤包大王”。

解放初期，1956 年公私合营后，老四季美迁至汉口中山大道 898 号的现址，建起四层楼，由小吃店发展成为大餐馆，可同时摆设台面 40 多桌，接待 400 多人进餐。计划经济时期，这里是市民“打牙祭”的好地方。当时吃饭、吃肉、吃油都要凭票，而到老四季美来吃汤包只需花钱和粮票。党的八届六中全会期间，毛泽东、刘少奇、邓小平等中央领导同志曾多次品尝汤包大王钟生楚制作的汤包，并亲自到厨房接见他。朝鲜的领导人金日成也品尝过汤包，并给予了很高的评价。计划经济年代，这里食客盈门，门外还排长队，市民无不把去四季美吃汤包当作可以炫耀的高级享受。

（四）

“到武汉不吃四季美汤包，枉作三镇游。”改革开放以后，不仅国人纷至沓来，外国人也闻风而至，对汤包赞不绝口。日本人向井芳树称其“天下之绝品”；欧洲人回去写文章把汤包翻译成“蒸好了有汤的馒头”。促使武汉汤包第三次“革命”要算徐家莹，她继承了“汤包大王”钟生楚的传统技艺，不断创新改进，由单一浓汤型改为多种花色品种型，发展出三鲜、虾仁、蟹黄、香菇、鱿鱼、海参、甲鱼、鸡茸、鲜菇等多个品种，其中蟹黄、香菇、财鱼三种汤包创武汉名优产品。“金鱼戏莲”、“速冻香菇汤包”、“西红柿汤包”三次获金鼎奖。如今，汤包有生、熟、速冻 3 大品牌 12 大系列 8 种味感和高、中、低三种价格档次，彰显了武汉名店风采。

## 豆丝大王——老谦记

谦记”原名“谦记牛肉馆”，是冯谦伯、冯有权夫妇在 1918 年创立的。店址最初设在武昌青龙巷，主要供应牛脯、牛肉炒豆丝、牛肉煨汤、原汤豆丝、清汤豆丝五个品种。特别是牛肉炒豆丝，全选用黄牛眉子肉、优质绿豆和大米精制而成，色泽黄亮，味道鲜美，既有咬劲，又香嫩可口，堪称一绝。

冯谦伯原籍湖南长沙，早年因家贫失学失业，后投身部队当兵。

老谦记招牌

辛亥武昌首义，长沙立即响应，他随着新军反正，参加了起义。民国初年，他升任为武官。

经历了这场大变革后，冯谦伯看到军政界彼此争夺，尔虞我诈，上层的贪污腐化、民众的颠沛困苦，较之清末并无两样，甚感到失望并无比愤慨。因此，他下决心退伍，另谋出路。原来部队有位老兵，曾随左宗棠到过新疆，当炊事员，从少数民族中学会了烹调牛肉的技术。他看到冯谦伯心窍灵活、做事勤勉，就把这套技术毫无保留地传授给了冯。冯退伍后，就凭这手技术在长沙开设牛肉馆。不久长沙发生战争，他便迁居武昌，挂起谦记的招牌，继续开馆营业。

自谦记牛肉馆开业以来，由于冯谦伯经营有方，货真价实，精工细作，又便宜又好吃，所以名气很大，赢得不少顾客。他们所用的牛肉，特别是牛肉炒豆丝，全是用的黄牛眉子肉，色泽黄亮，味道鲜美，香嫩可口，堪称一绝。豆丝也是正宗的湖北地方风味，用绿豆和大米精制而成，口感好，有咬劲，醇香袭人。

老谦记豆丝大王

武昌青龙巷地处交通要冲，四通八达，附近有粮道街、昙华林、横街书店一条街以及许多学校，很多人都在这里品尝过谦记牛肉馆的美食，并留下许多难忘的回忆。

老谦记豆丝大王

“谦记”特别能适应一般劳动人民群众和学生的消费水平和需要。还有一些人力车工，他们有时拖着空车，经过青龙巷，找个角落，把车停放下来，就近买一两个馒头或烧饼进去，同时买一碗清汤豆丝，吃得很开心适意。

冯谦伯对人很有礼貌，不论什么人，都以礼相待，从不另眼看人。据亲眼看见他做事的人说，他虽然身在锅边，紧张操作，但随时还照顾全局，偶一转身，就用笑脸和喜悦的表情，向四周的顾客打招呼问好，对面熟的顾客还谈笑风生，或者即景生情地讲几句幽默的话，使顾客如坐春风，其乐融融。

为什么老谦记的牛肉烹调得有滋味？原料最重要，牛肉质量好，

肖继石老武汉风情画中的“老谦记

才能做出好的味道。每头牛，全身净肉百多斤，哪部分宜于煨，哪部分宜于烧，哪部分宜于炒，也要有选择。在进货时订有合同，斤两有定量，交货有时间，牛肉有定位。在操作上，重要的问题是掌握时间和火候。挂在灶边壁上的时钟就是指挥官，用多少肉、多少水、多少豆丝，有定量。汤该煨多久，牛脯该烧多久，豆丝牛肉该炒多少，各有定时。同时还要掌握火力，有猛火，也有文火，抢火候动作要快，要忙而不乱，从容不迫。

1938年武汉沦陷前夕，冯谦伯夫妇带着孩子，由武昌迁居江陵城内，据说曾一度开店营业。遗憾的是，冯谦伯没有能够看到抗日战争的胜利，就因病在江陵逝世。日本投降后，他的夫人冯有权女士带着女儿又重返武昌恢复了营业，改名“老谦记”。复业后，依旧保持原有的特殊风味，生意兴隆，门庭若市，在武汉众多的牛肉馆中独树一帜。

冯有权女士是满族人，生长于荆州，辛亥革命时，随父母迁居长沙，经人介绍与冯谦伯结婚。本来她是坐柜管账的，但她聪慧灵巧，平时很注意各种烹调方法，耳濡目染，基本掌握了那一套烹调技术，虽较冯谦伯略有逊色，但仍算得上首屈一指的厨师，保持了原来的风味特色。冯谦伯夫妇只有一个亲生女儿，在抗日战争前即已上学读书，结婚后另有工作，以前店堂里有个跑堂的小伙子，那是他们收养的义子，抗日战争中也离开了他们。因此这次复业后，就不得不请人相助，直到解放前夕也停了业。

新中国成立后，“老谦记”有很长一段时间都没有恢复，后来曾任武汉市市长的李先念过问此事。

在1920年，毛泽东在上海送走赴法勤工俭学的湖南新民学会会员蔡和森等后，来到武汉。在武昌横街头的利群书店见到武汉“五四运动”的领导人恽代英，共同的革命理想让他们两人一见如故。毛泽东在利群书店住了半个月，与恽代英探讨救国救民之路。其间，恽代英请毛泽东在附近的青龙巷一家名叫“谦记”的小店品尝牛肉豆丝。按传统工艺

老谦记豆丝大王

制作的唯有湖北才有的豆丝加上鲜嫩的牛肉，有色有味，其独特风味给毛泽东留下难以忘怀的深刻印象。新中国成立后，毛泽东和李先念谈及此事，在李先念等领导人的关心支持下，老谦记于1958年在民主路恢复营业。

这时有个叫黄敬民的小姑娘初中毕业，正逢国家招聘服务行业的“五大员”，她有幸被当时武昌颇有名气的生香餐厅录取，跟随名厨郭志强学红案。1958年的一天，上级领导派她去给一位老太太当徒弟，原来这位老太太正是冯有权。当时老太太已是72岁了，先是以卖水为生，曾在武昌那个江汉电影院附近卖水，一担水2分钱。后来，武昌区给她在民主路神学院对门租了个房子住。有关部门将民主路街边的一家照相馆改成老谦记的门面。

黄敬民分配到店中来，因勤奋好学，很得冯有权喜欢，便把技术毫无保留地传授给了她。1960年5月，老谦记以牛肉枯炒豆丝代表武汉小吃出席了全国技术革新和新技术革命表演大会，一代名师冯有权和她的传人黄敬民参加了表演。她们以精湛的技艺受到赞扬，并受到党中央领导人的亲切接见。老谦记从此写进了《中国烹饪大辞典》。

然而遗憾的是，就在老谦记发展壮大之时，“文革”开始了，老谦记又一次被迫停业。直到1982年8月，停业多年的老谦记又在武昌民主路45号亮相了，老谦记又迎来了一个新的春天。

老谦记的传人——美食大师黄敬民早年从师于冯老夫人，深谙枯炒牛肉豆丝的秘制配方及烹制方法，于1998年气宇轩昂地挂起了老谦记的招牌，受到了国内外贵宾的欢迎。2003年至2005年在武汉第五届、第六届美食文化节、厨师节上，老谦记枯炒豆丝荣获“江城名吃”、“特色小吃展销金奖”等称号。

# 第五章

## 理发照相　常留俊美

各位，头发长了，不得不去理理。清末，三镇既有挑担夹包、走街串巷的剃头匠，又有315个坐地的整容店。辛亥革命后，男性剪辫子蓄短发，新理发行业应运而生。1913年，汉口第一家大型理发店长生堂开业，设备先进，发式新颖，继而又办了发记等理发店。“五四”运动以后，知识妇女时兴剪短发，理发店兼理男女发型，业务扩大，后又开展烫发业务。到解放前，汉口有德记、长生堂、香港、世界等大型店。真是烫发推平除旧貌，吹风修面换新颜。

人把头发收拾好了，显得年轻，再去照相馆留个影，如何？武汉最早的照相馆是1872年由某广东人在汉口回龙寺创设的“荣华”照相馆。随后，一位姓庄的江苏人也在附近开设“鸿图阁”。1881年显真楼开业于黄鹤楼旁。当时的人说照相是“摄魂夺魄”短寿命，不敢前去照相。辛亥革命后，维新思潮的激荡，让人们改变许多旧习俗和旧观念，武汉照相业有所发展，不久，武昌的显真楼和汉口的品芳都相继扩充场地，更新设备和技术，业务有了进一步发展。

这正是，佳照传神亦庄亦谐；芳容写真惟妙惟肖。

## 长盛不衰——长生堂

清朝末年，江南扬州一带连年遭灾，百姓只有四处逃难求生。1911年，扬州剃头匠张聚年只身一人来到汉口，在中山大道1171号租得一间房，开设了一家理发店。张聚年来汉初衷，是为糊口求生，他以一技之长奉献民众，借此以作“长生”之处，因此就在小店门前挂出“长生堂”理发店的招牌。他自己也不知道，这一挂，就跨过世纪，挂到了今天。

起初，规模不大，小店只有10把木椅，还得雇请几个学徒为他帮忙，其中就由最信得过的大徒弟徐少斋掌管经营。张聚年的理发功夫是将传统的推拿融为一体，顾客一坐，剃头匠除了对顾客剃头修面外，还附加对顾客从头到脚浑身的推拿，这叫“文武理发”。

由于“长生堂”地处汉口旧时的法租界，这套老式理发有点落伍，不受欢迎。1928年张聚年被迫离汉奔走他乡。接手的戴恒贵、周德才等人合伙出资二千大洋，添置电烫设备，将店堂装饰一新，并从上海请来8位师傅。人们感觉到以前不起眼的店堂变得舒适美观，所理的男女发型新颖时髦，为此法租界的许

汉口长生堂老照片

20世纪50年代，长生堂“手指造型”发型

多政府要员及其太太、小姐都与该店约好，定期前来理发美容。阔佬及太太为图吉利，就连自家少爷小姐的胎头，也要到“长生堂”来剃。一些外国水兵到武汉后，也慕名前往光顾。据说，蒋介石每次来汉口，都要到“长生堂”指名戴恒贵及其儿子戴友宝为他剃头，当然工具是老蒋自备专用的。这样，“长生堂”的名气与日俱增，生意如火，这叫“文明理发”。

20世纪三四十年代，汉口兴起电影热，法租界内相继开设了“百代”、“中央”、“维多利”等几家电影院，西方电影陆续到此放映，蔚为新潮。“长生堂”店主周德才有经营头脑，顺便将西洋电影中演员的发型加以模仿推广。当年有一部美国影片《出水芙蓉》来汉公映，片中女主角扮演者伊漱惠莲丝的化装发型引人注目，该店的周予善师傅如法炮制，当一些追星的女顾客点着要这种“惠莲丝”头时，周师傅是有求必应，应手成事。那些女顾客出店后在熟人面前炫耀：“我这头是在‘长生堂’做的。”国产影片《一江春水向东流》中的扮演者舒秀文、上官云珠曾梳理泳式上旋发型，该店也都及时地借鉴过来，赢得一些顾客求新求美的胃口，这叫“时尚美发”。

1919 年辛亥革命后
汉口街头正在剪头发的剃头匠

武汉解放后，1952 年 7 月 1 日，当时的店主周德才主动将店子交给了国家，改名为“江岸区合作社理发厅”，同年 7 月 20 日开张，椅子增加到 20 把。新生的店子规范行业管理，用传统操作程序和技法服务，生意又好起来了。1959 年该店恢复“长生堂”老字号，并一改过去以女士为主，率先在全市将手推改为电推剪操作，将电烫技术传授给全市同行，起到先师利导的作用。

汉口长生堂标牌说明

如今老店再次焕发青春，在党和政府的关心下，该店前后进行五次扩大装修，营业面积扩大到 640 平方米。1992 年该店在挖掘传统技艺基础上，推出男女四季蘑菇发型，深受顾客喜爱，其中蘑菇翘翘系列影响全国，当年央视春晚上许多主持及明星演员都是这款发型。1993 年该店又推出以“新潮发型回跨 50 年”为主题的靓妆系列发型，此发型清秀活泼，受到顾客欢迎。1999 年引进法国巴黎欧莱雅公司全套产品技术和最新工艺流程，采用先进技术管理，使服务环境更优雅，更具民族感和欧美情调，服务质量和员工素质都有很大提高。

“长生堂”为何长盛不衰呢？创新，不断创新。他们创新了修剪及手指造型的理念和技巧，以欧洲高贵典雅创意灵感，塑造中国经典时尚的个性魅力的海派为主，注重头发的健康，使头发线条流畅，发丝清晰，光泽柔顺清丽，具有民族特色。

## 品质流芳——品芳

“品芳”照相馆在中山大道 748 号民生路口，以前“品芳”店门两边是人像照片橱窗，除工农兵外，还有著名戏剧电影演员照片，很吸引人。对着店门，就是楼梯，两边是营业柜台，办理照相，取相片事宜。面积不大的一楼店堂墙上也是挂满照片，真觉得是摄影艺术的殿堂。

这里先说个吴国祯在“品芳”相亲的故事。那是 1929 年春，留学归国后任汉口市财政局局长的吴国祯只有 20 多岁，还没找到如意的另一半。一天他来到品芳照相馆门口，见橱窗里有张少女的照片，楚楚动人，打动了他的心意。于是，他上楼找到经理李炳声，

老品芳照相馆

李炳声先还以为有什么官司，战战兢兢，当明白其来意，转忧为喜，这又可为店里生意增加影响力。李炳声告知吴国祯，这女子是汉阳铁厂黄厂长的爱女黄卓群，就读于上海中西女校。吴国祯当即央求做生意的哥哥吴国炳为其牵线。于是，兄嫂利用黄卓群放假回汉探亲之际，在汉口美国海军青年会设宴，以答谢黄厂长的支持为由，促成二人相见，两人一见钟情。1930 年春，吴国祯和黄卓群在汉口租界教堂举行婚礼。1932 年 29 岁的吴国祯出任汉口市市长，政声颇著。

李炳声是品芳的创始人，他的父亲曾在黄鹤楼茶馆内卖花生瓜子为生，家庭并不富裕。李炳声是家中长子，14 岁时在一家印字馆当学徒。做学徒时，李炳声接触到了照相、修底片、冲晒等技术，却并不精通。20 岁左右时，他跟随父亲在黄鹤楼一带开了一家小型照相馆，略微能赚点钱。

1914 年，25 岁的李炳声在汉口民生路路口创立了“品芳照相馆”，招牌纯银制作，店铺是一栋四层楼房，通过湖北省官钱局王

夜光下的老品芳

殿芳的关系租下来的。据说李炳声酷爱喝茶，因此用“品芳”做了店名，意思是从茶中品出自然芬芳。

品芳照相馆开起来以后，生意一直很好，没过多久就已经家喻户晓。那时候，每月的盈利都在万元以上，李炳声也就成了武汉当时首屈一指的富翁。虽然照相技术全依靠外聘的摄影师完成，但论起经营管理，李炳声自有一套。

20世纪20年代，武汉已经有一些照相馆陆续开张，李炳声的“品芳”占据了地理优势。李炳声发家以后，立刻将民生路周边的房子全都买下，做起棉纱、酒铺等其他生意。相隔稍远一些的统一街上，他也购买了最繁华地带的楼房，开起了当铺。不仅如此，凡是能想到的同行选址地点，他都率先买下来，变成自己的公馆或职工宿舍，给员工和学徒们居住。

李炳声的管理之道是严把作品质量关。和一些家与店不分的老板来说，李炳声很不一样，他的住宅和店铺分开，从不住在店里。然而，每天李炳声都是最早来店里的，除了查看学徒打扫店堂内外卫生以外，他还会从一楼检查到四楼，每道工序都要过问，亲自看有问题的底片，哪道工序出了问题，就将责任追究到人。此外重视提高服务质量，品芳店里的员工一直以来都是笑脸相迎，热情诚恳，李炳声要求如发现职工与顾客争吵，轻则批评，重则解雇。每年大年初一，店里会放一挂万字头的鞭炮，李炳声和全店职工都站在店门前，恭候顾客光临。那时店内共有三个照场：二楼照场是接待一般顾客，设有普通茶点；三楼是高级照场，专接巨商富翁、军政要员，设有上等茶点和盖碗茶；四楼照场是专供团体照，为社会服务。品芳的每一笔生意都会严格按照与顾客达成的协议办理，规定取像时间，绝不会出现逾期。

1938 年武汉沦陷，日商占领品芳照相馆，将其更名为“永清写真馆”，雇用中国工人给日商做事。此时，李炳声全家跑到黄陵矶避乱，靠家底维持生计。1945 年 8 月，日本无条件投降，李炳声收回了“品芳”照相馆，经过几番门面修理，“品芳”得以重振旗鼓，再次开业。李炳声很会处理人际关系，红白黑三道人物都打点得很好。生意人的圆滑和为人处世也决定了成败。在李炳声的固定客户名单中，周围店铺的老板、黑社会组织老大、政府官员全都是他热络的对象，不仅个个认准品芳的牌子，也从各个阶层为“品芳”提供了支持。李炳声后来成了汉口照相业商业同业会的理事长，与汉口总商会会长有着深厚的交情。当时的商会会长还亲自送了一块写有“领导有方”四个大金字的牌匾，挂在“品芳”的店堂正中，

品芳照相馆宣传画

极大提高了李炳声在同行业中的地位和声誉，一时间，“品芳”照相馆成了同行中的佼佼者。

解放以来，品芳继承和发扬了传统技艺，造就了具有团体摄影权威的老技师、能笔下生辉修整的老技师等10余名。品芳照相馆的成功，最可贵的是坚持摄影技术上精益求精，不断创新，勇攀艺术境界之高峰。他们在艺术人像、儿童稚影、新婚礼服照、舞台摄影、全家福、团体照上苦下功夫，独具“品芳”风格，人物形象自然潇洒，端庄稳重，影调讲究，层次分明。“品芳”参加全国大赛的作品也多次获奖，许多人争相到品芳照相，认为它拍摄的照片品质一流，与众不同，令人放心满意。品芳照相馆还为多位党和国家领导人摄影留念，武汉文化名人高百岁、陈伯华、吴雁泽等人也在“品芳”拍过艺术剧照，从而扩大了“品芳”的影响。

## 开创先河——显真楼

显真楼是武昌的一家百年老字号照相馆。创办人严添承，出身于湖北鄂城葛店严家大湾一个普通手工业者家庭。年轻时的严添承在家务农，兼做一些副业，此人性机敏，擅长工艺，闲暇时好绘画，拿到市场上出售，换些零钱补贴家用。后来经人介绍到汉口圣教印书馆（景明大楼隔壁）当美术工人，不久辞职，在武昌黄鹤楼附近摆地摊，以卖字画为生。

当时，黄鹤楼下有一家日本人开设的照相馆，规模不大，里外只有一人，专拍一些室外风景像，生意却很好。严添承想学照相技术，又怕日本人不肯教，于是设法在这家照相馆隔壁租下一间房间，想利用这间房子，通过板壁的缝隙偷着学。但事与愿违，这种方法根本不容易学会。老严就改变方式，来到日本人开的店子当学徒，其他手艺倒容易学到，只是显影药的配方这项关键技术，日本人不肯传授。在旧行当里，手艺都是偷学来的，跟日本人学习更是如此。老严乘日本店主不在的时候，暗中先把几种药的数量称一下，等日本人配过显影药以后，再找机会把剩下的药重称一下，根据减少的分量，来求得一个完整的药方比例。老严就这样暗中留意，偷偷学艺，慢慢掌握了照相技术。

1881 年，老严利用平日省吃俭用积蓄起来的 200 元银元，购置了一些照相器材，主要的有带三脚架的木质宝塔式外拍照相机和镜

位于武昌中华路的显真楼

头，独自在黄鹤楼附近开设了一家小型照相馆。说是照相馆，其实不过一照相摊子，因为店里没有内景照场，只能在室外拍摄风景照，取名“显真楼”，意在突出照相的实录写真之效果。黄鹤楼为名胜，来往游客多，都喜欢在黄鹤楼前摄影留念，因此照相业务十分兴旺。

刚开始，老严由于技术没有过关，生意还做不过那位日本人，但老严会画画，善于取景，又加上洗影技术很快掌握了，服务和气诚恳，很快吸引了照相顾客。同时中国人都愿意到中国人开的照相馆，“显真楼”的生意终于后来居上，超过日本人的照相馆。此后，“显真楼”照相馆由原来的仅限于室外拍照，扩大到室内的玻璃照场，新增了室内照相业务。此店以日光摄影和团体照为特色，业务蒸蒸日上，生意越做越好。那位日本人站不住脚了，只好收歇店子回国。

在“显真楼”的发展过程中，机缘也起到某种作用。说到此，有一个人不得不提，此人乃清末协助湖广总督张之洞推行新政，创办近代军工、民用工业的一位风云人物——梁鼎芬。

梁鼎芬作为湖广总督张之洞的幕僚，后被张总督委任为两湖书院监督（相当于校长），又署武昌知府、武昌盐法道。在府、道任上还兼任军事、司法等职，尤其是后来成为学务处提调，全面管理湖北的教育行政。据说此人举止蛮古板，惟独对照相这时新玩意情有独钟。1898 年，“显真楼”为梁鼎芬拍摄了一张全身肖像。梁先生对这张个人肖像甚是满意，认为“显真楼”的肖像成相清晰，形神兼备，技术上乘，于是对“显真楼”的业务大力扶持，曾亲笔书送对联一副：“孝友人家多厚福，江山佳处想当年。”老严一直把这副对联挂在店内中堂，这对照相业务起了很大的宣传作用。

要知道，当时湖北的大中小学堂都在梁氏的掌管之下，而各类学校每届的毕业生都要拍摄同学录，同学录上的集体照和单人照片是必不可少的，这些照片梁鼎芬规定都必须在“显真楼”拍摄，这是多大一笔生意啊！仅此一项，就使“显真楼”迅速成为武汉摄影业的翘楚。梁先生对“显真楼”的偏好可以说到了无以复加的地步，在梁先生寿庆之时，别人向他恭贺，梁不要其他礼物，只要每人送一帧在“显真楼”拍摄的八寸半身照相留念。众多谄媚逢迎者只好到“显真楼”索求照片，这又为该店带来一笔可观的生意。

随着业务扩展，严添承渐渐感到人手不够，就让自己的三个儿子严爱堂、严夑堂、严鉴堂都进店学习照相，帮忙照顾店内生意。可惜不久，老严不到 60 岁就去世了，显真楼就由老大严爱堂负责经营。

显真楼拍摄的梅兰芳1951年来汉照片，从左到右前排第五位

严爱堂秉承父亲的志向，在纯阳楼附近的陶然亭再往后一点的边上，租借别人的房屋改建为室内玻璃棚照场，随后又在陶然亭边上修建了一栋四层楼房屋作为营业之用。为了进一步学好照相技术，辛亥革命后，严爱堂还自费去日本留学，除研究照相技术外，还学习了制版技术，在当时这是一项先进的技术。所用全部照相器材由美国的柯达和德国的爱克发派驻汉口的经销处直接供应，以经销店名义按批发价计算。门市部还出售各种照相机和各类型的胶卷，以增加代客冲晒和放大的生意。

辛亥革命周年庆典之时，“显真楼”专门摄制孙中山和黎元洪的照片，大量出售，深得市民的欢迎。名人摄影似乎成了“显真楼”的一大专长。后来，孙夫人宋庆龄、廖仲恺和夫人何香凝，还有民国时期的风云人物吴佩孚、蒋介石、胡汉民等都在“显真楼”照过相。与此同时，严爱堂继续扩大业务范围，大量拍摄武汉城市的最新图片，真实记录城市变迁，这些大多为本地报纸刊载，使“显真楼”的影响进一步扩大。如20世纪20年代出版发行的《武汉画报》，其中许多照片都是由“显真楼”提供的。在20世纪30年代，显真楼的资金积累曾达到10万银元以上。

1938年10月底，武汉沦陷，把蛇山划为军事区，不准任何人出入，显真楼也只好收歇，严氏家族全家搬迁到汉口潞安里，在里份口开设露天照相。不久又在南京路公兴村（现名文华村）、友益街潞安里口用显真楼招牌开设照相馆，后又搬迁到江汉路开业。“显真楼”多方辗转，也只是勉强维持而已，直到抗战胜利，才由江汉路搬回黄鹤楼原址复业，经整顿，逐渐恢复旧观。新中国成立后，1956年长江大桥开工前，显真楼迁至武昌中华路与解放路交会处继续经营，企业变为公私合营，该店的发展进入一个新阶段。那时的“显真楼”设备齐全，技术精湛，特色鲜明，加上近乎传奇的经历，常常是顾客盈门，应接不暇。1965年毛泽东主席以70多岁的高龄畅游长江，“显真楼”荣膺重任，专派摄影师为毛主席游泳拍照，留下了一代伟人劈波斩浪、击水中流的历史场景，在“显真楼”的发展史上写下辉煌的一页。

# 第六章

## 此中皆锦绣 从外无经纶

明末清初，来汉推销的江浙行商，俗称包袱客，携货在汉口六渡桥销售并转销外地。清代康熙六年（1667 年）在满春路购地建江浙绸布公所。到了 1927 年前后，新的绸缎店号悦新昌、鸿彰永、九华、启新等相继开业。1931 年的那场大水，使得绸缎业的生意损失不小。后来的武汉沦陷，又使得绸缎业雪上加霜，货源枯竭，一蹶不振。

布匹店，就是那些零售布店，在清末民初经营的重点是洋布土布，兼营绸缎呢绒。清末，有家“正大恒”布店首创“一言堂”招徕顾客，即卖货不还价，放尺 1 丈不超过 5 寸，后形成行规，所以布店俗称“一言堂”。咸丰十一年（1894 年）山东的谦祥益在汉口戏子街（今人和街）设号做棉布批发庄，光绪二十年（1894 年）在汉口汉正街设谦祥益衡记绸布零售店，过了十年，又在衡记旁边设西号。1913 年武昌司门口开业一家“老永康”布店，历史悠久，颇享盛誉。20 世纪 30 年代，汉口布店陆续开业，后花楼街开设了豫升恒、协和；民生路开设了庆生祥；江汉路开设了新华、永康、信成等绸布店。

在汉口还有一家“怡和”布店值得一提，这家布店既非官办，亦非资本家经营，而是由原来盛极一时的瑞记布店一群店员共同集资，自动组合开设起来的。它像初生牛犊一样，在布业竞争中，不畏强手，敢于拼搏，并得以与资金雄厚的谦祥益并存，称雄于汉正街市场。

这正是：君子经纶功先展布；苍生衣被喜得同袍。

## 实力强劲——鸿彰永

（一）

鸿彰永绸缎店创办于1903年，最初的招牌为“浙江鸿彰庄”，店铺设在汉口黄陂街上的剪子街口（曾在民族路江汉公园处），经营绸缎，兼售当时官场品级袍套。辛亥革命后，又在江汉路开了一家支店，定名为“鸿彰，加“永记”二字其后，1917年租得现江汉路后花楼对面原嘉宾楼地址（现江汉路与胜利街交会处），翻造三层楼房，与联号新凤祥毗连，外看各是一家，屋内有门路相通。竣工后称为总店，而黄陂街上的总店则成为支店。到1923年，就改字号为“鸿彰永”。抗战时被迫迁到车站路。当抗战胜利了，再想回原址，哪知已被大楚报社占住，不能迁回，就向骏业公司租得原江汉路妇女商店营业。解放后于1954年结束业务。

鸿彰创始人马冠群原是宁波鸿彰绸缎庄经理，他有一亲戚叫蔡永，在汉口华昌洋行充当买办。有一年，蔡永荃的同乡省亲，拜会马冠群，与马谈起在汉口绸缎生意好做，建议马在汉口投资，开一家绸缎庄。马冠群随即到汉口考察，认为投资可行。乃敦请蔡永荃集股，很快集得股本2万两白银，由于马、蔡二人占股较多，便以马冠群的“鸿彰”绸缎庄为字号，加上蔡名字中的“永”字，连缀成“鸿彰永”字号。

（二）

绸缎经营的要点在进货与销售两端，没有独到的进货渠道和销售网络，那生意做不好。先说进货，鸿彰永有多头渠道，这是它的强项，绸缎本产自江南，鸿彰永在盛产绸缎的嘉兴、湖州、盛泽等地都委托专人代办采购，此外又在上海专门设庄采办，该店60%货源来自于此。其他配套货源则在汉口就近采办。该店在清末民初主要销售国产绸缎，大都由杭州福兴恒行号长期供货。民国初中期，洋货大量涌入，该店又经营进口呢绒，以英国货为最多，法国货次之。此外毛绒毯、汗衫、呢帽、手帕、化妆品等进口货也在兼营范围内，这些货源多在上海设庄采办，也有的在汉口洋行购进。多渠道的进货，使该店货源充足，花色众多，商品琳琅满目，很能吸引顾客的眼球。

在销售上，该店的销售以市场分层细化，手段灵活多样，服务周全见长。如黄陂街的支店以农村消费者和本市市民为主要对象，

江汉路上夜光下的鸿彰永

江汉路总店则以城市中上层人士为主。江汉路地处华洋交界，来往的人多为洋行买办、高级职员、富户公馆、军政要员，对此，该店采取灵活多样的方式，如赊购服务，该店每年初对上述主顾发放购物折一个，有点像如今的会员卡，顾客可凭折赊购，赊购时只需要在折上记几个账目，也可用此折为亲友代购，年终结算。通过这种方式促销，营业额大增。一般时节日可销售1000到2000元，旺季可达3000元，最高时可达5000到8000元。平时还经常搞一些酬宾活动，如每年的圣诞节，该店都要制作一些精美礼品，分赠门市上的新老主顾。还针对洋行买办、教会人士定制礼品，以此促销。别看这些，每年可增加营业额2万余元。

销售的核心是服务，服务则重在配套与多样化。该店为了吸引更多的顾客，在服务上很下功夫。店里的主要经营项目是绸缎呢绒的零售，为了方便顾客的需求，在店里另辟一处名为“公处”的服务点，提供绸布以外的各种布料，专门为顾客定制衣服，可谓量身定制，然后交成衣坊制作定型。这既方便了顾客，又赚得佣金。在三楼开设“协兴”号，专事布匹批发，该店在上海设有庄号，采货便利，可批零兼营，顾客购得一定数量，可享受批发的优惠价，刺激了他们的购物热情。

民国初期，该店每年盈利都在 2 万两以上，生意最红火的是 1930 年，一年的纯利达到 4 万两白银。

## （三）

做生意喜欢“扎推”，这往往比独自一家经营效果要好多了，鸿彰永当初在黄陂街开总店时，经营绸缎号的就有和记、天成、老介纶、时新昌等，实力大都不凡。后来到了江汉路，遭遇的同行更多，年头较早的有采章、裕号、九章等，新近开张的有悦新昌、九华、鸿祥、九大、荣康等，就规模实力而言，都在伯仲之间。鸿彰永与他们不相往来，相互嫉妒，视为仇敌。

新开张的绸缎商号，或正走下坡路的绸缎商号，都是同行打击的重点对象，鸿彰永在这方面是行家。1928 年，设在黄陂街上的老采章因经营不善而关闭，悦新昌的老板马翔林就将其顶租下来，重新改修，打出“九纶”的招牌，想垄断江汉路上的绸缎生意，引起同行的不满。“九纶”店址就在鸿彰永对面，对此，鸿彰永谋划进行阻击，并暗中定下策略。

九纶的商标是飞马，而鸿彰永的商标是狮球，为了与九纶开张

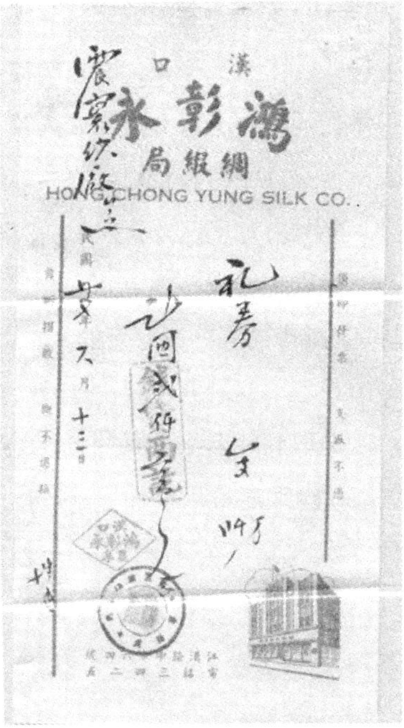

武汉鸿彰永的票据

竞争，改以“马头”为商标，并且马颈围有响铃，一则我鸿彰永老板姓马，再就是借用成语“马首是瞻”，你们这些店铺都要看我而行动。更主要针对你“飞马”而言，我要套住你。就在“九纶”开张那一天，鸿彰永来了一个所谓四十周年纪念大酬宾活动。

为此，鸿彰永提前将店堂维修一番，向汉口一些批发号罗致降牌货（过时的积压商品），几乎全盘购进，形成囤积居奇态势，使“悦新昌”、“九纶”无法获得同样的货物。届时鸿彰永若大量抛出，对手将猝不及防。果然，在“九纶”开张那天，正值秋凉旺销之时，鸿彰永打出四十年酬谢派送，搞得两边挤满顾客和看客，好不热闹。本想独自抢风头的“九纶”，一下子被打蒙了，顾客被鸿彰永这边的低价吸引过来，九纶只好在傍晚挂出“明日请早”的牌子，而鸿彰永则乘机延长营业时间，直到晚 11 时才打烊，销售大旺。一连几天，鸿彰永与九纶对着搞，结果九纶不得不败下阵来。

1936年接手“九纶”门面的“华华”绸缎店，是上海“华华”绸缎店的分店，由上海人王廷松独资经营。本来鸿彰永还想以大减价来杀对方的生意，但再一看，“华华”的货由上海分配而来，次品为大宗，高品质的在少数，有什么卖什么。平时将价目标在货品上，陈列窗口，与上海总店作风一样。此外，他们又购进上海批发号积压残次品大量销售，想多中取利，简直把江汉路当成上海积压品的处理站。来江汉路买绸缎大都是些有身份的人物或富豪的家眷，顾客不见得就来讨便宜，也讲究绸缎的花色、品种和质量。于是，鸿彰永这次改变策略，搞优质优价，以优取胜。前来选购的顾客只要认为货色好，高价也能接受，“华华”绸缎店最后也甘拜下风。

## 内外俱强——谦祥益

在老武汉人的记忆中，“谦祥益”与其说是一个布店的名号，不如说是城市的一个地标。初来汉口的人要去汉正街，“谦祥益”就是一个参照物，人们会告诉你，在“谦祥益”的“高头”（指汉水上游）或“底下”（指汉水下游），这是因为“谦祥益”居于汉正街的中段，再加上“谦祥益”名气大，找到此店就好找那些密密麻麻的街巷了。

## （一）

谦祥益的字号，源出于《尚书 · 大禹谦》中“谦受益”一语。

“谦祥益”的创始人孟传珠，是山东章邱县旧军村人，据说是亚圣孟子的后裔。他为人机灵，会做生意，从挑一个货郎担开始，省吃俭用，积累了一定资金。在清代道光初年，他到周村开设恒祥布店，从零售到批发，经营有方。后又开了茂记染坊，购进白布自染自销，生意红火。随后到北京独资创设谦祥益绸布店（即以后的总店）。

经过孟传珠和他的子孙孟继富、孟养轩、孟乃泉四代经营，逐渐发展到全国各大城市，如天津、上海、杭州、苏州、青岛、开封等地都有“谦祥益”的分店。

就说“谦祥益”的第二代孟继富，看中了九省通衢的汉口。光绪十一年（1885 年），他的代理人赵春山来到汉口，在戏子街（今人和街）开设谦祥益棉布店，通称晋记。这家分店由上海庄调来资本，代办货源，批给襄阳樊城一带客商。光绪二十年（公元 1894 年），孟家在汉正街再开设一家规模较大的绸布零售店，店名为谦祥益衡记，因为适逢孟传珠孙子孟养轩出生，其乳名带个衡字。衡记开张不到 3 年时间，声名远播，遍及武汉周边各县，以至湖南、河南的一些地方。到光绪三十年（1904 年），积累白银 20 万两，于是又在汉正街开了一家谦祥益西号绸布零售店。至此，汉口有晋记、衡记、西号三家谦祥益分店。

汉口谦祥益衡记招牌

辛亥革命爆发时，清军在汉口放火，衡记损失惨重，暂时歇业；西号小有损失，迁往江汉路营业，两年后又搬进新店。辛亥革命以后，衡记从上海庄调来资金，借用汉正街西号旧址重新开业，生意比以前更好。

谦祥益衡记从此步入黄金时期，收益稍胜于西号。那时总店老板是孟乃泉，他的侄儿孟树森代他到全国各地开设布店、染坊。直到1938年日军占领武汉前，衡记积累资金53万银元，约合白细布6.1万匹，还在联保里、联益里、楚宝街购置了大量房产。

## （二）

老百姓对“谦祥益”有句俗语，叫“谦祥益的房子——内外墙（强）”。由于此店是经营布匹的，最怕火灾，而汉正街在历史上经常遭遇火灾，所以当初在设计做谦祥益门店时，墙体厚实，不易传火。此外，谦祥益的最老店铺是按山东老店的模式，店门是石库门，进门隔一道天井似的小廊才是柜台，这个俗语更贴切地说明谦祥益的经营理念。

老谦祥益的石库门

这“内”是指货色质量。还是追溯到清末民初时期，我国纺织业不发达，民间穿的，特别是广大农村，一般都依赖土布。上布粗厚难看，但耐穿耐磨而且色泽鲜亮好看，为了扬长避短，可将土布改成宝蓝色的竹布、洋布和官布。衡记以品牌取胜，当家品牌是这三宝布或三蓝布。穿厌了土布的老百姓，把这些平整光鲜的三宝布统统叫做“洋布”。这些“洋布”，其实是用中国的“祖传秘方”染色的，老百姓挺喜欢的。“谦祥益”衡记对质量要求严格，其工序一丝不苟。染白坯布之前，把白坯布摊平，均匀地糊上臭泥巴，两天后再下染缸，这样染出的布鲜亮不褪色。染整碾平后，有专人检查其质量，凡色泽不均匀、略有斑点，均为次布，分等级打折处理。优质优价，次质次价，决不以次充优。“童叟无欺，妇孺皆知”，因此赢得顾客的信赖，誉满三镇及周边荆襄豫陕等地。兴旺时期，年销售额为 130 万至 140 万银元。

衡记的生财之道，是在季节转换上做文章。以夏布为例，每到暑季，市民习惯穿夏布衫，用夏布蚊帐。每当冬季来临，衡记就到湖南浏阳夏面产地，以低价大量收进滞销产品，待来年夏天可收廉价多销之利。

萧继石笔下的谦祥益

这“内”又指店堂布置。以前有个话叫“生意不好整柜台”，一走进“谦祥益”，迎面挂着一块9尺长、5尺宽的匾额，内中镶嵌“一言堂”三个鎏金大字，两旁用红纸书写“货真价实，童叟无欺”的店训，3尺高的柜台擦拭得光亮鉴人，红木圈椅四下摆放，鼓形凳排列两厢，整个店堂朴素古雅。每天开门营业时，店员们恭敬地迎接每一位顾客，先问好，再让坐，次递茶，并敬烟，一问数答，不厌其烦，所以顾客进来，如沐春风。谦冲平和之气荡漾其间，不管什么人，是官是民，是本地或外埠，在店里任意挑选，无不满心欢喜，满载而归。

还有来“谦祥益”的不少外地人，到汉正街来打货时间很紧，没关系，只要把货单递给店员，他们帮助打理，等回头再来，货已办齐，无须问价，无须看成色，付款后放心拿起货就可走人。“谦祥益”以周到的服务和至诚的信誉赢得了广大消费者的极大信任。到了汉正街，买布必来“谦祥益”，民谚还有“没有‘谦祥益’的布不出嫁”之说。

这“外”，指的是谦和地对待同业同行，但如果有人执意跳出来对着干，那谦祥益也不示弱。民国时期，从湖南来了一位富商李乃原，在汉正街上投资白银30万两开了一家正大布店，开张那一天就打出了“减价销售”的牌子，大有遥遥无期的味道，生意火红一时。这一招完全冲着谦祥益而来。谦祥益也来个减价，互相比着干。到底李乃原低估了谦祥益，不知道30万两银子在拼杀中根本经不住一耗。因此，这一战以“正大”赔光血本而告一段落。第二段落又是这个李乃原开的头，以40万两白银卷土重来，还是放尺寸比赛，还是减价拼杀，两家互不松气。不过，这次李乃原换了招牌，改成“华丰”。这一来，在旁边看热闹的市民们在它赔光血本之后，编歌唱道：“正大改华丰，赔光也不中。”

# 第七章

## 步月凌云去 有冠皆增色

各位，这里说的是一下一上，即脚上穿的皮鞋与头上戴的礼帽。

汉口皮鞋业分为两帮：一为宁波帮，一为本帮，无论是经营之早，名气之大，都是宁波帮。新式皮鞋、皮件在中国出现较晚，并且为舶来品。最先在汉口经营皮鞋、皮件大多是外商，有日商的“野田”、捷克商人的“拔佳”，都设在中山大道，销售对象大部分是各国驻汉领事馆、宾馆、洋行等外侨及在此工作的高级职员，加上本地商绅。

武汉最早开此业的是宋炜臣，他在江汉路开设华胜军装呢绒皮件号，李厚谟是其掌作师傅。辛亥革命后，李厚谟就自己开设了茂记皮鞋店，多年的发展创造出品牌。有专家评论：茂记的线缝皮鞋无论在设计、造型、选料、做工上都保持了我国传统工艺的特点，做工细致，产品精良，使人看了舒服。

再说帽业，在汉口统一街曾有不少帽店，如庆生祥等家，但都是一些瓜皮帽之类，比较老式。天津盛锡福帽厂开设于1911年，1936年来汉口中山大道民生路口设发行所，销售新式礼帽，兼销美国和意大利产品，备受人们的喜爱，逐渐成为当时武汉最大的帽店。

这正是：文明进步福履绥之，冠冕从新式相好矣。

## 步步登高——茂记

俗话说："爷不爷，脚下鞋。"一个人，特别是一个男人，头与鞋既显眼又风光。在很多年前，人们脚登的还是布鞋为多。而在近代，皮鞋从国外从沿海流行到内地，在武汉，皮鞋制作得最好的是浙江宁波人李厚谟在汉口车站路的长生堂对面开办的"茂记"皮鞋店。

早在清代光绪末年，浙江省镇海县人，出身皮件工人的李厚谟受当时汉口华胜皮件公司经理宋炜臣（汉口既济水电公司股东）的聘请，由上海来汉担任该公司皮件生产掌作师傅。辛亥革命后，他脱离华胜公司，在旧法租界恒生里街面（今车站路口）自营皮件作坊，起名"茂记皮革制品商店"，资金仅百余元，雇工及学徒四五人，当老板的与制作的共同做活。

起初，产销马车应用的各种小型皮件套具，如马缰绳、马鞭、皮带等，当时中外富商及政府官员多自备马车，需用此类皮革产品，因而生意兴隆。此后，他又逐步发展到生产马鞍、皮包、皮箱等大型皮件制品，供应军需民用。1921 年开始兼营皮鞋、皮靴，尤为长

武汉茂记皮鞋店

筒马靴销路较广，主要销售给跑马骑师，专为三家跑马场（即西商、万国、华商）订货，业务繁忙，规模扩大，人员增加至40人，并发展各类新式皮鞋生产业务，茂记名牌逐渐形成。曾为北伐革命军制作大量皮件、皮鞋。1938年日寇侵占武汉后，“茂记”地处法租界，仅能勉强支撑。

抗战胜利后，李厚谟病逝，他的儿子李庆华继承父业。在那时，武汉人口激增，各业兴旺，皮鞋尤盛。“茂记”店门面扩大，加之李庆华经营有方，又懂一些外语，经常周旋于本地上层人物，并利用时机接近外国领事馆、洋行和官邸，也不辞辛苦地下街上外轮为顾客划样订货，送货上门。由于产品质地精良，服务周到，颇受中外人士信任，销售额节节攀升。原英国驻汉领事馆格林威先生奉命调印度加尔各答后，仍多次来信邮购茂记皮鞋；新中国成立初期，苏联专家和外侨也是多次光顾，所以茂记被指定为国际友人及驻汉外交使团的皮鞋供应专点，茂记皮鞋一直名扬中外。那时的人们觉得穿茂记皮鞋比穿布鞋有分量，有精神，从走路联想到锄地的气势，把皮鞋称为“洋锄头”。

1956年，茂记公私合营，后成为国营工厂。1980年迁至新华路取水楼，新建五层楼厂房。曾创男式线缝皮鞋“双五”名牌，获国家银质奖章，在汉口同业中，“一枝独秀”。在那个年代，年轻人最热衷于的就是“茂记”的小方头皮鞋。当时武汉人经常托跑汉申班的船员到上海带些沪产日用品回，却敢把汉产皮鞋带到各地送礼。20 世纪 80 年代至 90 年代初，“茂记”皮鞋名闻全国，两次荣获国家银质奖、六次被评为“汉货精品”及湖北名牌。送礼送茂记皮鞋，让武汉人很有面子。

## 礼载元冠——盛锡福

汉口中山大道弯弯曲曲，在水塔与民生路这一段又是一个弧线，就在武汉市工商联合会对面，有一家“盛锡福”帽店。

提起武汉的盛锡福，还得从天津盛锡福帽厂说起。它的原址在天津法租界和平大道，于 1911 年由山东掖县人刘锡三创设。这刘锡三年青时就继承父业，经营草帽辫。他的老家掖县是草帽辫的传统产地，他也随着大伙一样先是收购草辫，运到青岛、天津卖给外国人，几经贩运，略赚一

“盛锡福”帽店

20世纪80年代盛锡福帽厂

点小钱。刘锡三这个人肯动脑筋，心想：何必要卖给老外呢，我不也可以自己制造草帽吗？想到这些，四处凑钱忙于开业。首先，得起个好名。不是有个对联叫“生意兴隆通四海，财源茂盛达三江”吗？他就从中取一个“盛”，再用自己学名“锡”字和乳名“福”字，拼成盛锡福招牌，预祝财源茂盛。商标设计是在盛锡福三字下，用草辫连成一个圆圈，里边以三顶帽子成品字形，锡字下有三帽商标四字，直读就是锡三的名字，以示自己创业之意。真是用心良苦啊！

刘锡三还是小看了市场，由于本小利微，加之草帽主要在夏季销售，季节性强，生意不振，他又萌生兼营他业的念头。后来他求助于天津东莱银行本家叔父刘子山，借到一笔资金，租下一栋楼房，前店后厂，增加工人，扩大营业，既做草帽又做呢帽、便帽等多种产品，业绩比以前大有发展。

形势虽好，但又带来问题，毕竟手工生产的帽子，技术落后效率差，怎么能与洋人的产品抗衡呢！咬紧牙齿再贷款，1911年，他从外国进口全套电力制帽设备，自设漂白车间，使之成为当时全国第一家机械制帽厂，这不仅产量大增，质量也大为提高。短短几年功夫，营业额直线上升，盛锡福能制造草帽、呢帽、缎帽、皮帽、便帽，以及男女各式花色帽几百个品种。规模逐步扩大，在天津增设了立栈大街及天祥市场两个分店，又陆续在全国各地，如上海、南京、徐州、济南、青岛、北京、武汉、成都等城市，抗战胜利后还在台湾设立分店，业务日益兴旺，赢得了社会声誉。生产的各种帽子，质地优良，式样新颖，不仅在国内博得顾客好评，还在新加坡、印尼、菲律宾等几十个国家和地区设立了行销处，在国际市场打开了销路。

刘锡三这个人头脑灵活，经营管理很有一套，首先他以产品质量为生命，坚持选料优良，制作精细，美观大方，物美价廉，在市场上有竞争力。工人沈自用在工作空隙，钻研帽子式样，有点创新，刘老板就破格提拔他为设计师。此外还派他的大儿子刘真与大徒弟曲捷东渡日本，到帝大帽厂等处参观学习，掌握最新制帽技术，回来应用于生产，因此，制帽技术不断提高。1929 年，在菲律宾举办的国际博览会上，盛锡福展出的产品获得一等奖。

“盛锡福”帽庄 宣传图

在服务方面，他视顾客为“财神”，制订严格的服务规章，如在

位于汉口民族路的新盛锡福帽店

营业时间的四不准：不准看报、吸烟、聊天、穿短裤，要衣帽整齐，礼貌待客。购货任人挑选，不论买否，进门欢迎，出门欢送，货真价实，童叟无欺，包换包退。在租界里常有外国顾客，他雇请懂得日、俄、英等外语的人接待。

他也很重视广告宣传，在车站码头树立广告牌，刊登报纸广告，甚至他在走路或乘车途中，见到别人戴的帽子，就以旁观者身份，询问是哪厂出品，借机宣传盛锡福帽子质量如何好，售价如何便宜等。

在扩大经营管理上，他也管理有方：如天津三个店子，每天一起开碰头会，汇报昨日工作，布置当天任务。外地各分店的进销存以及费用开支，每天都要向天津总店汇报，第二天总店就了如指掌。

他知人善任，任人唯贤，各店主要负责人，不论亲疏，均选拔有才能的人担任，分店会计都由他亲自选派总店会计人员担任。工资待遇比较优厚，一薪一酬。

汉口盛锡福帽店是武汉的一家“老字号”，它是1936年由天

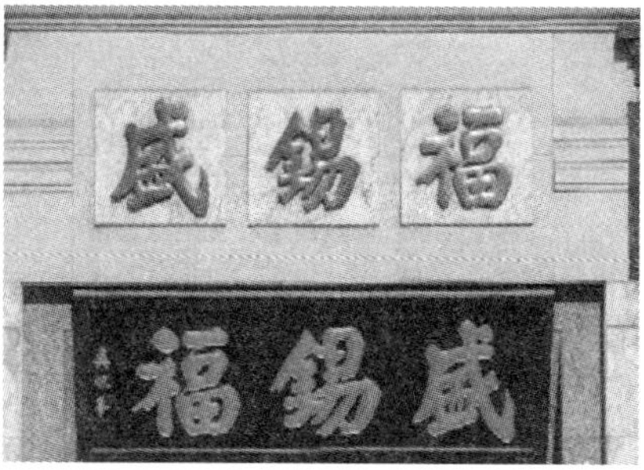

"盛锡福"招牌

津总店派经理牛致斋在汉开设的分店。它出售的帽子以天津本厂的为主，同时也向上海进货。由于商店位处汉口当年的闹市区，门面装修得富丽堂皇，还利用橱窗、霓虹灯、报纸广告等大肆宣传，加之盛锡福招牌响亮，就在武汉打开了销路。武汉人有个习惯，小孩10周岁生日时，必须戴大顶呢帽，祝贺成年，因此，盛锡福的呢帽最受欢迎。为了招徕顾客，该店就在春天赠送帽刷，夏日赠送扇子，秋季赠送毛巾，冬令赠送印有广告的日历。有时为了与同业竞争，还搞减价九折优惠。有的同业把原售价提高，再行降价，进行欺骗，而盛锡福仍按原价折扣。以上措施赢得了顾客信任，营业日益兴旺。

可惜风光了两年多，战事已接近武汉，1938年武汉为日寇侵占，商店就撤退到重庆。1939年，天津总店派彭锡良为经理来汉复业，但因中山大道店址被日本人占领，只有在汉正街石码头建房开业，店员13人，因陋就简，销售制帽材料如帽口、丝带等勉强维持生意。后日寇不准盛锡福从天津总厂进货，要购日商广大洋行的货，商店虽进货受到限制，但仍有利可图，所销售商品仍以日产礼帽为主，便帽为辅。

“盛锡福”帽店

1945年8月日寇投降，盛锡福帽店恢复了抗日战争以前的租房权，仍在汉口中山大道原址营业，汉正街店面为分店。除天津本厂货外，并向上海厂家定制“盛锡福”牌号的新式礼帽，兼销美国哈大门兔呢帽和意大利产金丝绒礼帽，高、中、低档商品齐备，成为武汉市最大的帽店。年销售最高达25万顶，员工达到46人。此时业务不断发展，获利甚厚。职工待遇除工资外，还每月以营业额的多少来配发奖金，年终则分红利，货币贬值时则以米价计算。

新中国成立后，工人帽、八角帽和军用棉耳帽流行，店铺三楼成立市场车间。后来又采取外面加工本厂成件的办法，生产大量的帽子，不仅满足了武汉市和湖北省的需要，还销至邻省及新疆等地，营业额成倍增长，帽店的业务得到了前所未有的发展。盛锡福最辉煌的的时期应该是1985年，产量达到历史新高，营业额、利润额也十分可观。其原因仍在于保持经营的传统特色：用料考究，保证优质，不省料，不扣料，不以劣充优，毛绒帽料括浆使用，保持绒毛不倒，帽耳不变形走样，高级皮帽手工熨烫，经销外厂产品，择优保质，不售次品。

2012年武汉盛锡福帽业公司重新组建，并获得市政府给予的

15 万元老字号扶持资金。10 月 24 日，该公司在民族路的专卖店开业，没想到老品牌依然受到消费者欢迎。岁月的长河确实在淘汰昔日的老字号，但只要发扬优良传统，保证质量，讲求信誉，锐意进取，老字号就是一块闪闪发光的金招牌。

# 第八章

## 笔端通造化　表章笺锦艳

各位，文房四宝，对于文化人样样不能少。汉口做生意的人多，少不了写写算算；武昌学堂衙署多，也离不开那一支笔。那时，毛笔是主要书写工具，前来武汉做此生意的也是竞争激烈。其中，江西临川的邹家兄弟在武汉打开了市场，赢得了赞誉。

更有那热爱艺术的雅士，闲暇之余作画题字，好不快活，但少不了要去装裱吧！20 世纪二三十年代，汉口就有较为著名的周同泰、三泰、滋生园、焦竹斋、文藻斋、淳辉阁等近 10 户装裱店。北京著名的荣宝斋，那时也来武汉寻找市场。武汉是个文化之地，没想到荣宝斋一直能坚持到如今，实属不易。其中经营酸甜苦辣，只有经营者自己知道。

这正是：玉管香浓花研雨露，锦装什袭表而出之。

## 匠心独运——邹紫光阁

很早以前，中国人的书写工具靠的是毛笔，到清代道光年间，出现驰名一方的四大笔店，汉口的邹紫光阁毛笔店就是其一。该店的创始人是邹法荣和邹法惊兄弟俩，他们是江西临川县（今进贤县）李家渡人。当地素以制笔著称，有“临川之笔”美名。兄弟俩平时以务农为业，闲暇时做些毛笔，贩运到河南周口等地去销售，售完再顺道往苏州一带买回一些羊毛和其他材料，作为来年制笔的原料。

公元 1840 年，邹氏兄弟由苏州贩运一批羊毛来汉口销售时，汉口笔店老板见其货多，乘机压价，迫使邹氏兄弟低价抛售。初到汉口，虽然生意上略有亏本，却令他们眼界大开，汉口市场之大，机会之多，使邹氏兄弟萌生了开店经营的想法。于是，兄弟俩在汉口花布街（今花楼街）涂家厂租下一间小店铺，一面经营笔料生意，一面自产自销毛笔。从此，他们便告别了半农半商、长途贩运的漂泊生涯，在汉口干起了毛笔经销的营生。

随着市场的开拓，兄弟俩将毛笔和笔料杂皮分业经营，开设了“邹紫寅阁笔店”和“邹茂兴杂皮笔料行”，共同经营 30 余年，大约在公元 1870 年间，邹紫寅阁笔店小有名气，在汉口市场已经崭露头角。

公元 1874 年，邹法荣、邹法惊先后去世，业务由法荣之子邹嘉联（孔怀）与法惊之子邹嘉芗（益斋）等兄弟继续经营。当时，

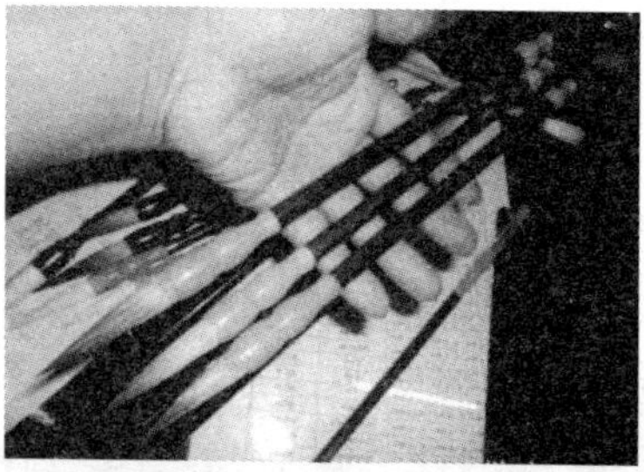

汉口邹紫光阁出产的毛笔

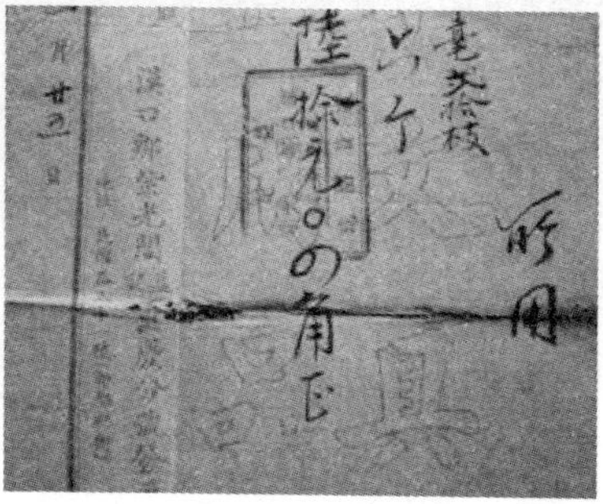

汉口邹紫光阁益记重庆分号发票

湖北巡抚衙门某师爷，据说是邹家同乡，常来店里买笔，对他们说，招牌中的“寅”不合适，因寅在十二生肖中属虎，白虎当头，有拦生意之嫌；要改为“光”字，紫光寓意吉祥。因此，邹氏兄弟就把招牌改为邹紫光阁，还特请书法家翰林李瑞清题写了“邹紫光阁”四个大字的匾额。

清代光绪五年（公元 1879 年），邹法荣之孙邹文林在汉正街高升巷开了制笔作坊，聘请技术高超的师傅掌作，逐渐形成了一套独特的制笔工艺。不同类型的毛笔，采用不同地区的不同材料。以选地取材为原则，主要选用苏杭一带的羊毛，北方及西北一带的冬季狼尾，湖北通山、恩施、咸宁一带的狸尾、石獾尖、海鼠尖，江西的黄、白阉鸡毛。购进的原料要存放一年以上，让其自然脱脂后才进行加工，以保证产质量。笔杆的原材料则采用湖南的黄竹竿、黄山的白竹竿以及两广、福建等地的天然凤尾竹。一些高档笔还采用牛角提斗。在工艺制作过程中精益求精，邹紫光阁在继承传统的制笔工艺的基础上，独创了一套工艺流程，分浸、并、连、合、刻等工种，共 83 道工序，并发明许多独特的操作技巧。制笔中笔头是关键，操作时要做到“兼、齐、顿、压”，才能使笔尖齐整，收拢则尖，散开则平，丰硕浑圆，劲健有力。

在公元 1894 年前后，武汉较有历史并略具规模的毛笔店有邓光照、周三盛、太极图、袁怡兴和焦林奎等，其中又以上述前三家规模较大，经营状况也不错。邹紫光阁采取一系列改革技术并改善经营管理后，使得成本大大降低，而在质量上出类拔萃。不到几年，邹紫光阁的信誉超出几家同行。

辛亥革命时，在阳夏战争中，清军在汉口纵火，几家大笔店均被焚毁，而邹紫光阁由于疏散及时，幸免于难，生意蒸蒸日上。这一年他又将制笔作坊的笔头部分迁回江西临川李家渡，建造了可以容纳 300 人的厂房一栋，这样做是因为临川为产米区，粮食便宜，交通又便利，伙食及一切费用比武汉低，使得生产成本大大降低。再将毛笔半成品运至汉口，稍经加工后在笔店出售，月销量达 3 万支左右。1914 年，以 3 万余元的代价，在花楼街民权路上新建分店一家，前后三间，既有零售又有批发，生意愈发红火。到 1916 年，邹紫光阁的一线工人已达 350 余人，销售人员 40 余人，年产毛笔 1550 作（合 100 万支），流动及固定资金 12 万银元。这是邹紫光阁的黄金时代。辛亥革命后，邹紫光阁已经成为本省甚至于邻省同业中首屈一指的毛笔店了。过去毛笔业有句俗话叫“毛糊涂”，说的是买笔的好坏及其成本的多少，外行人简直是模糊不清的。因此，邹紫光阁产品的利润一直很高。

1919年，长沙有一家桂禹声笔店，对邹紫光阁不服气，存心要来和邹紫光阁对着干，不远不近就在花楼街邹紫光阁的隔壁设立一个长沙桂禹声笔店汉口分店，夸大宣传："长沙桂禹声，笔良墨更精，长沙开了三百春。"无奈在武汉，邹紫光阁根基在武汉已十分牢固，信誉度高，加之部分积压毛笔削价倾销，在两年时间便将在长沙开设了三百春的"桂禹声"击垮了。

邹紫光阁毛笔之所以能在竞争中取胜，靠的是过硬的质量，为此，不惜重金礼聘名师掌作，如朱快法、吴坤生、雷麻子等都曾被聘为掌作。他们在技术上各有千秋，如雷麻子、朱快法擅长羊毫类毛笔的制作，而吴坤生则以鸡毫类毛笔的制作为拿手。

邹紫光阁生产的毛笔有羊毫、兼毫、狼毫、鸡毛等5大类。成记以兼毫为优，益记以小楷羊毫为佳，久记以中楷羊毫和鸡狼毫最具特色。这些产品，设计美观，古朴典雅，不仅是优良的书画工具，也是精巧的工艺品，以"尖、齐、圆、健"闻名于世。

1921年，邹孔怀已经年近七旬，体力衰弱，不能胜任经营管理，便告老还乡。他虽有6个儿子，但总理店务仍由叔叔邹益斋继续担任。益斋有7个儿子，两家弟兄10多人，利害冲突大，难以安处。从1923年起，作为两股分家，分为邹紫光阁成记和益记。1925年，成记又分出了久记，邹紫光阁便有了3家店面。当时三家在江西各有一个制笔作坊，共有200多工人，年产毛笔近百万支。邹家兄弟还先后在重庆、成都、南京、福州等地设有分店，产品畅销全国，邹紫光阁与周虎臣、王一品、李福寿三家笔庄一道并称中国的“四支笔”。武汉沦陷期间，“成记”、“益记”均告停业，只有“久记”还在勉力维持，一直到武汉解放。

## 荣名为宝——荣宝斋

（一）

北京荣宝斋的前身是松竹斋，始建于清朝康熙十一年（公元1672年），创办者是一个姓张的浙江人，他最初是用其在京做官的俸银开办了一家小型南纸店。纸店的经营范围一是书画用纸，以及各种扇面、装裱好的喜寿屏联等；二是各种笔、墨、砚台、墨盒、水盂、印泥、镇尺、笔架等文房用具；三是书画篆刻家的笔单。所谓笔单就是书画篆刻家们经过名家推荐，订出其作品出售的价格标准。松竹斋代客订购，可以从中提成。同时挂笔单的书画篆刻家们又在该店购买纸张笔砚等各种用品，使松竹斋有一笔很可观的稳定收入。

但是，松竹斋的店主毕竟是官宦之家，并不精谙于经商买卖之道。尤其是张家的后代不够争气，经营无方，加之公元1840年鸦片战争以后，中国的社会经济状况每况愈下，原来顾客盈门的松竹斋竟也濒于破落，到了难以维持的境地。这时的店主人为了将这个信誉卓著的老店维持下去，特意聘请了当时广交京师名士的庄虎臣为经理，下决心弃旧图新、改变面貌。清光绪二十年（公元1894年），将店名改为荣宝斋，取“以文会友，荣名为宝”之意，并请当时著名的大书法家陆润庠（清同治状元，曾任国子监祭酒）题写了荣宝斋的大字匾额。

## （二）

在20个世纪20年代末到30年代初，北京荣宝斋为扩展业务，占领内地和沿海市场，先后在南京、上海、汉口、天津设立分店。

武汉荣宝斋

当时，汉口已成为重要的通商口岸，洋行林立，商贾云集，市场日趋繁荣，供有闲阶级玩赏的名人书画、文房四宝等高雅商品也随之买卖兴隆。经营此类商品或兼营裱画业务的店铺日益增多，北京荣宝斋为打入武汉市场，通过国民党要员张厉生的秘书之弟陈震明（汉口毓华茶庄职工），购得汉口交通路市面楼房一栋，1934年7月17日即在此创办荣宝斋汉口分店。经理刘申甫，副经理张茂如，店员杨培栋、王宝元等10余人均从北京派来，货源也由总店调拨，利润与总店平分。

数年间，汉口荣宝斋业务逐渐扩展，每年获银元数千至上万元。1936年迁至宝华街17号，扩大店堂，增加店员赵化民、陈辅庭等人。翌年，日本侵华战争爆发，营业日渐萧条。武汉沦陷前，南北交通受阻，与总店联系中断，遂停业。全部货物存放于法租界庆平里15号，刘申甫、赵化民、陈辅庭、杨培栋、王宝元5人留守，其余或撤回北京，或自谋生路。1939年春，平汉铁路通车后，总店经理王仁山派张茂如来汉清点资产，办理歇业事宜。

其时，武汉已沦入敌手，赵化民因结识日伪湖北省政府金库股股长高寿乔，遂邀其投资日钞5000元（合法币2万元），买下分店的全部货物，在南京路

武汉荣宝斋

82 号以“荣宝斋寿记”的牌号重新开张，由赵化民任经理，店员有陈辅庭、邓仁辅、白文祥、杨培栋、王宝元、郭宝山等 8 人。从此与北京总店脱离关系，独自经营。主要销售对象是日伪省市机关及大商号，获利颇丰，至 1940 年初，资本已达 15 万元（法币）。

1945 年日本投降后，国民党行政机关和内迁工商企业纷纷返汉，荣宝斋仍迁回宝华街原址，人员增至 14 人，营业也日趋兴旺，到 1946 年 3 月，资本额已增至 500 万元（法币），为建店以来全盛时期。

武汉荣宝斋与北京荣宝斋一样，一向以经营传统美术品闻名于世，尤以收集古今名人书画原作、临摹复制历代优秀书画及轴册装裱为重，同时经营古旧端砚、湖笔徽墨、正宗宣纸、绫锦笺纸、八宝印泥、丹砂印油、装裱材料、金石篆刻等传统美术品。20 世纪 40 年代以后，汉口荣宝斋在保持原有特色的基础上，又加强与本地书画界联系，突出地方特色。

武汉荣宝斋

字画装裱，是荣宝斋一项传统业务。1947 年，武汉荣宝斋从北京请来裱画师朱、赵二氏，在店内设案裱画，直到武汉解放。荣宝斋的装裱艺术讲究两个“精”字，即选料精良，做工精细，画面平、齐、软、不泡、不皱、不跑墨、不走色，具有配色协调、雅致大方的特色，历来为国内书画家、收藏家所重，在同行中享有盛誉。解放前，著名国画大师张大千、黄君璧在汉办画展时，他们的作品悉数由武汉荣宝斋装裱。

# 第九章

## 芳茶冠六清　溢味播九区

各位，鸦片战争前后，茶叶为我国主要出口商品之大宗。豫、鄂、陕、黔、赣、皖的茶叶多在汉口集中，从陆路运往我国北方和外蒙古、俄国，也从海路运销日本、西欧，在中国的上海、福州、汉口三大茶市中，汉口居于首位，占全国茶叶出口量的60%。

公元1850年开始，俄国商人直接在中国采购茶叶，汉口则为其主要收购点，后来还在汉口和蒲圻羊楼洞开办顺丰等茶场，自行加工，并建立顺丰茶砖码头，几乎垄断汉口红茶市场。英商宝顺洋行也在汉口收购茶叶。1919年，中俄交通曾因俄国革命而一度中断。第一次世界大战后，经济萧条，国际茶叶市场不景气，而原进口大国的印度等各国均在国内种茶，中国茶叶在国际市场滞销，汉口茶市也随之衰落。

不管外面市场如何，武汉人素有喝茶的习俗，三镇大小茶馆遍地都是，这就带来茶叶的巨大的销售量。曾有人这样说："喝好茶，找益记"，说的是去汉正街车和顺益记购买，享誉极高。其实，武汉的茶叶市场长期被安徽茶商所垄断，车和顺是本帮，能够坚持下来，打破垄断，自有妙招。

在安徽茶叶店中，坚持时间最长的还是“毓华”茶庄，规模不大，避实就虚，从汉正街撤到六渡桥，地处闹市，生意也做得风生水起、红红火火，自然有一套自己的经营之道了。

这正是：采向雨前，烹宜竹里；经翻陆羽，歌记卢仝。

## 雅韵留香——车和顺

在汉口汉正街与利济路交叉处，有家由汉川人车子谦开设的车益记茶庄总店。车益记在武汉市共有4家，汉口汉正街有一家，积庆里口有一家；汉阳西大街有一家，钟家村有一家。此外，车益记在广州沙田一带也有分店，在重庆有两家，一家在棉花街，一家在花街，按说有点规模了。

### （一）

车子谦的老家在汉川南湖头的车家贩，世代务农。大约在雍正四年（公元1726年），车氏先祖就在马口镇开了一个很小的茶叶店，农闲时做茶叶生意，农忙就关门歇业。乾隆七年（公元1742年），车氏先祖离开汉川，来到汉口，在汉正街闯出车和顺这块招牌，随着生意做大，车家分为八大家车和顺分店。

汉口汉正街上的车和顺茶庄

清末民初，车家各房开始创立了“车和顺益记”、“车和顺信记”、“车和顺秉记”、“车和顺元记”、“车和顺鸿记”等茶庄。在车氏家族众多的茶叶店中，名气最响、规模最大、资金最雄厚的就是“车益记”了。

车益记由车心寿这一房创立。等传到了儿子车子谦手中，达到它的鼎盛时期。

当时汉正街商家很重视门面招牌，凡稍有名气的店，均在招牌上烫金，俗称金字招牌。其中“车益记”的招牌含金比例最大，号称“正街第一金字招牌”。车益记能成为鄂茶中的领头羊，武汉茶叶界的泰斗车子谦功不可没。

车子谦从小聪慧，有胆有识，对于茶叶有一种天生的热爱。父亲车心寿老年得子，对车子谦的培养颇为严格用心。车子谦从小被长辈认为是做茶叶生意的材料，但为了严格要求，他十几岁就到外面一些茶叶铺做学徒，他曾经到徽帮茶叶店琅玡泰做帮工，把茶叶这一行的各个程序都弄清楚了。待到时机成熟，车心寿才把他召回汉正街，一回来就当总店店长，车心寿退居二线。

车子谦字诚益，祖父为了儿子把店名改为车益记。

## （二）

在车和顺茶庄中，为什么车益记一枝独秀呢？车子谦抓质量，讲诚信。他首先从选毛坯茶开始，严把第一关。他的毛坯茶基地很多，这些基地都是筛了又筛，选了又选才定下来的。为了建好自己的茶叶基地，收到既经济又实惠的好毛坯茶，车子谦将那些有经验的茶农和当地的头面人物请到汉口来，宴请招待，交流取经。湖北恩施是车益记最大的茶叶基地，车子谦派内弟汪松波常驻那里，把关收茶。

车子谦毕生致力于自创特色名茶。由于武汉人爱喝花茶，老人爱喝珠兰花茶，于是车子谦创造出了“兰花毛尖”，把花茶和绿茶混合，包括珠兰型和茉莉型。

他首先精选适合做花茶的茶坯（多是绿茶），同时窨茶用的花一定要鲜。茉莉花每年开三期，以第二期盛夏开花为最佳，且含苞待放时口感最佳。该店老板请来老技师何秉臣自制。

为保证茉莉花的鲜度，车子谦舍得花代价，该店常常连夜从老家汉川周边的花茶基地把毛坯茶运到汉口，通宵达旦地熏制，以做出质量最佳的花茶。这种创新、品质高的兰花毛尖迅速占领了武汉庞大的消费群体，并且成为了车益记的招牌茶之一。

花茶制好了，也不忙着上柜，车子谦还要搞一次茶叶评比会，就是派人到武汉有名的9个茶庄，买同一种价格的花茶，一家一份，再加上自制的花茶，一共10份。每份茶叶冲泡一壶，茶壶都编了号，每个号码代表一家茶庄。请来五个店内制茶师傅，五个店外的行家茶友。10人品茶10人投票。10票中，非要8票投中车益记的自制花茶，这批茶才可以上柜销售。如此注重茶叶质量的确实少见，所以车益记作为本帮茶庄能够长期与徽商茶庄相抗衡。

车益记搞品牌战略，要卖茶就卖名茶，有西湖龙井、六安瓜片、信阳毛尖等。不仅名茶荟萃，而且做到货真价实。如卖西湖龙井，一定是狮峰的；六安瓜片，一定是齐云山的；信阳毛尖，一定选五山和两潭的。

经过多年努力，车子谦与各名茶产地的茶农、茶商建立了良好的关系网，他同北京的“吴裕泰”，江西的“协和昌”，安徽的“谢裕泰”等全国名店，共同与茶厂签订采购协议，如果任何一家茶庄觉得厂家提供的茶叶质量不好，所有的茶庄都不再进货。所以“车益记”多年来所售名茶绝对优质正宗。

## （三）

20世纪三四十年代，汉正街是商家必争之地，行业竞争尤为激烈，茶界就有鄂商与徽商两大派系。当时武汉有个“谦益茶行”，是以车子谦的名和号的最后一个字而定的名。这里每天都有来自全国各地的茶农、茶商从水陆两路来买卖茶叶，成交量很大，是一个很大的茶叶批发市场。车子谦每周有两天的上午十点会准时到这里，与茶农、茶商打点关系，并且买进一些毛茶。

为提升鄂茶知名度，车子谦利用多年积攒的人脉，带头发起了“挺湘排皖”运动，凡是安徽茶再便宜也不购进。为什么挺湘？因为安徽茶叶比湖南茶叶质量好，价格高，是遏制鄂茶拓展的最大劲敌。他就利用这个茶市扶持湖南茶，冷落安徽茶。车子谦使出杀手锏，从此打破鄂皖两派二分天下的格局，打压了徽帮，开创了由鄂帮主导茶叶市场的新局面。这一具有胆识和气魄的举动，在那些资深的茶叶界人士中，至今被传为佳话。

## （四）

车益记的成功离不开科学的管理。车益记招收的学徒必须通过一年的培训，考核合格后才能上柜接客。别出心裁的是，车益记的学徒都送到别家的店代为培养，员工为竞争对手打工，但薪水仍由车益记出。如此一来，益记的员工待人接客，介绍商品，称量茶叶斤数的能力都是数一数二的。

抗战胜利后，武汉茶叶界的人士都很想在车益记谋得一份职业，这是因为益记职工的工资在行内较高，伙食好，并且还有一定的福利。

为招揽优秀人才，车子谦不惜重金聘请。车益记连续三届的大掌柜，田金臣、肖俊良、车鹏九三人，均是茶界响当当的人物，是精业务、懂管理的干才。

车子谦与夫人汪华芬共育两儿两女，车敏丽排行老大，下面除了车守基外，还有小弟弟车守业，小妹车美娟儿时过继给车桃阶。

尽管生意做大，家底宽裕，但车子谦仍不主张大手大脚，自家生活用品简单了事，对家人也不搞铺张奢侈，但对购买设备，他舍得花钱，这些就连徽帮抱云轩茶庄都羡慕不已。

车益记茶庄用的茶具也甚为讲究。大致分两种：一种是由名家手绘、亲制的宜兴紫砂壶，另一种是景德镇名家手绘的各式大小茶壶和盖碗。这些茶具都错落有致地放置于特制的架子上，并且还在墙边挂了一幅实木刻花镶金的匾，上书“陆羽遗风”四个字。

用来放置名贵茶叶的木箱也极为特别。这种木箱大小各 18 个，大的用来储存，小的则是零售时用。箱子的最外层为无气味的四方形实木箱子，中间为马口铁做的内胆，这种铁具有轻薄且不锈的特点，第三层则是一层锡箔纸，最里面的一层为防潮的牛皮纸。木箱的正面镶上图案以及茶叶的名称。这样精细的设计，足以见得车子谦的别出心裁、独具匠心和智慧。车益记茶庄经营到武汉解放前，资产达到 3000 万，在汉正街是首屈一指的。

## （五）

1949 年底，武汉解放后，国家鼓励发展民族工商业，民族资本家重获新生。

就在此时，车子谦的老胃病犯了。一朋友向他介绍了一位在香港的外国医生，鼓励他去香港治病。而车子谦本人也一直有一个夙愿，那就是把车益记生意拓展到港台。于是，他决定独自离汉，去香港治病，顺便考察市场。哪知这一去，便10多年音信全无。

直到1978年，车子谦通过打通多方关系，终于托人给家里带去了一封信。家人才知他在20世纪50年代便只身去了台湾，并在台北和新竹各开了一家名为“车益记老茶庄”的店。凭着多年的经验，车子谦很快在台湾也创造了辉煌。

随后，车子谦一直与海峡彼岸的家人保持着通信联系，并表达想要回来的愿望。1978—1980年，车守基作为车子谦的长子，应邀参加了武汉市工商业联合会为工商界名流举办的茶话会。

当时，武汉市、硚口区工商联联系到了车守基，农业研究所专门研究茶叶的部门也向车守基表达了他们盼望车子谦回归的愿望。当时湖北的茶叶虽然产量高，但质量却远远落后于其他各省，他们希望车子谦能回来为振兴鄂茶出谋划策。

车家人把这些情况都写信告诉了车子谦，他显得颇为激动，决定在1980年的中秋动身返汉。车家人一边忙碌地筹备着，一边盼望着车子谦的归来。可还未到中秋节，车子谦却病倒了，并且一病不起，回家的愿望也未能实现。

# 色绿味甘——毓华

20世纪80年代毓华茶叶店

位于汉口六渡桥闹市区的毓华茶庄，历史比较悠久。它以名茶纷呈、品种繁多、规格齐全、质量优良赢得顾客好评，生意兴旺，历久不衰。追溯其历史，还得由抱云轩说起。

抱云轩茶庄由安徽金寨县人江伯良等人合资经营。店名抱云轩是因家乡的抱儿山盛产名茶而来，那时的地址在汉口汉正街682号，地皮为安徽茯苓公所产业。房屋为江伯良父亲江选钱出资建造。门面为石库双门的中式楼房，装饰在柜台上的两块台面是从家乡运来，由又厚又长的整块银杏木做成。商谚说："要卖茶，三分雅。"这所抱云轩茶庄建筑装饰及家具设备，古朴典雅，环境宜人。

武汉人其实也爱喝茶，除了遍布三镇的众多茶馆，有人还购买茶叶回家自饮，安徽六安的名茶在汉畅销。因此，江伯良等人认为：开设抱云轩茶庄，由老家运来茶叶，再精工焙制，批零兼营，是有

安徽抱儿山

安徽名茶

市场前景的。果然不出所料，开业以来，生意兴隆。该店自制的六安瓜片，在1912年曾参加巴拿马国际博览会竞赛获得金质奖牌（此奖牌解放后由已故会计徐明甫存放于汉正街新街口茶店，此店后改为武汉纺织品公司紫阳春批发部，又转存硚口松鹤茶庄），为中华民族争得荣誉。这以后，抱云轩茶庄名声远扬，特别是在鄂皖两省临近的地区富有盛名。

抱云轩茶庄在经营上正春风得意时，就想加以扩展，无意中得知一位朋友在中山大道六渡桥有一栋门面房屋出租，地点不错，便出高价租下，于1925年开设毓华茶庄，所用的员工多为安徽家乡人。为什么以“毓华”作字号？这来自成语“毓秀钟灵，含英咀华”的头尾结合，其意当然是说茶叶出自天然而最佳。

武汉沦陷期间，江伯良等人躲避战乱离汉，毓华茶庄停止营业，那房屋为一所洋行占据。到了1945年日本投降后，江伯良等回汉，

安徽六安瓜片

太平猴魁

黄山毛峰

以黄金24两的代价，收回毓华承租权，并投资一万银元在毓华茶庄招牌加上“云记”二字，表明是抱云轩茶庄的支店在恢复营业。先后由张朗山、刘云棠、华方城等任经理，业务得到继续发展。

毓华茶庄之所以能立足武汉市场，一方面是因为该茶庄地处汉口闹市中心地带，大小商店云集，人流如潮，顾客当然盈门。武汉又是九省通衢之地，进货与销售渠道畅通。另一方面，在茶庄内部，拥有技术熟练、经验丰富的制茶技术力量，如炕、检、烘、选、窨制花茶，拼配品质，均有行家里手，精制优选，质高价廉，当然能赢得顾客的信赖。该茶庄还善于从著名产茶区运来名品丰富柜台，既有安徽的六安瓜片、太平猴魁、休宁松茗、黄山毛峰，又有杭州西湖龙井、湖南君山银针、信阳毛尖等，任其选购。

毓华茶庄还有一项是为买茶人所称道的，就是前来购茶，此店的秤杆总是翘得高高的，给人货实秤足之感。这样下去，茶叶店岂不亏本？这其实是讨好顾客，赢得人心的“玩秤”的手段。这利用柜台的间隔，称一两是把砣打在九钱上，以此类推，秤杆一掀，所欠的那一钱就补足了。顾客以为多给，事实上一两还是一两，一分也没多给。如果有认真的人想复秤，平平的一两也叫你说不出长短，何况还有一张包装纸在内，这玩一钱二钱秤，谁看得出来呢？

# 第十章

## 罗陈夸物备　点缀得时新

各位，鸦片战争以后开始五口通商，也开始输入“洋货”，主要是毛织物和棉纺织品，随后品种繁多。这以后，外国工业资本家在我国开设工厂，生产轻纺工业品。武汉有一家“梅春阁”杂货铺就开设于清代咸丰元年（公元 1851 年）。

随着舶来品和国内工业品的增加，原来经营日用手工业品的杂货铺陆续发展了一批具有一定规模的广货店、京货店等，较著名的店铺有广生裕、汪谦和等百余户。民国以后，新兴的百货行业脱颖而出，经营的门类逐渐齐全，成为与人民生活息息相关的重要行业。

汉口宁波商人眼光长远，他们一般内靠本帮、本地区有实力的富商，外联上海，瞅准上海丰富的资源（包括货源、资金及经营管理经验）来从事经营。除从上海大量进货外，还与上海实力雄厚的百货商进行联合，引入资金，借鸡生蛋，在管理上学习借鉴，改进或淘汰汉口百货业规模小、品种单一的落后经营方式，使汉口百货业大跨度地向现代化迈进。20 世纪 30 年代的爱国国货运动及其武汉国货公司就是最好的例证。

本章将雨伞、菜刀都列为百货类，应该不会错吧！苏恒泰油纸雨伞和曹正行菜刀是武汉著名的老字号，享有“苏恒泰，用不坏”，“曹正兴的镰刀，割（搁）得好”的美誉。

这正是：百货俱兴生意恒昌，三春常驻财源永茂。

## 爱国情结——国货公司

在汉口最繁华的江汉路上，有一座外形和上海永安公司十分相似的大楼——武汉中心百货商店。很长时间里该店就是武汉历史最长、规模最大的百货公司。这家公司的前身为中国国货公司汉口分公司，即抗战前以方液仙等宁波商人为主发起国货运动时在汉口成立的。

### （一）

1937 年 4 月，实业部、中国国货介绍所全国联合办事处，在上海组成中国国货联合营业股份有限公司（简称联营总公司），提出计划在 56 个大中城市设立分公司，武汉率先响应，在汉口组成分公司。“八一三”事变后，联营总公司无法在沪开展业务，就派庶务股长胡士澄来汉任经理，在江汉路 313 号设立国货办事处。该公司于 1937 年 12 月 1 日开张，经营不到一年，于 1938 年 9 月 20 日

江汉路上的中心百货

中心百货外景

在武汉沦陷前宣告停业。

公司随即撤退，到1945年胜利以后，联营公司为恢复武汉国货公司，10月间委派宁波人魏吉甫来汉，筹集武汉中国国货公司复业资金，由上海总公司，武汉中国银行、交通银行、新华银行、中央信托局和工商各界人士共集资法币1亿元，并与中国银行经理赵仲宣洽租江汉路139号大厦营业原址。经过魏吉甫等人的精心策划，武汉国货公司于1946年8月1日举行创立会，8月13日成立董事会，最后定于10月10日开业。魏吉甫选为董事兼经理，统率公司经营事宜。

开幕那天，汉口市长徐之偕夫人赵静娟参加典礼剪彩。这一天，顾客盈门，营业额高达1亿元。公司经营布局，设有绸缎、针棉织、服装内衣、搪瓷、鞋帽、化妆、水瓶及文具用品专柜和礼券部。

武汉国货公司所在地江汉路是一个繁华的商业区，地段好，商店多，既有专业绸布店，又有百货同行。魏吉甫是一个精明能干的商人，为提高竞争力，采取宣传与务实相结合的手段。开业时，以宣传打头阵，连续三天在武汉四家大报刊登开业消息，突出经营项目，宣传“完全国货，挽回利权”的服务宗旨，并在报纸上开辟了“国货之光”园地，还在10月17日《武汉日报》第二期“国货之光”栏内刊登悬赏启示：“我们虔诚地期待各界人士根据事实来检举。只要证明武汉中国国货公司经售的，无论是什么货品，是以洋货冒充国货，立即以50万现金致酬，并将该项厂商牌号公诸报端，以免经售国货，爱用国货人士再受其愚。”以此鼓动武汉国货销售，推动国货事业的发展，也使武汉国货公司深入人心。

武汉国货公司顺应时代潮流，迎合大众心理，经营方式灵活多样，创办时间虽晚，但几年功夫就发展成为武汉百货业的骄子，从规模到实力，都能与上海老牌名店永安、先施、新新相提并论。

## （二）

魏吉甫在经营武汉国货公司期间，抛开商人以利为重的本性，大肆宣传国货，弘扬国货，凡国货产品，哪怕是不赚钱的品种也要出售。当时社会上流行巴黎檀香皂、“白衣人”香粉以及外国香水等，公司则不经营这些，而出售“三星”牙膏、雅霜、蝶霜和“明星”香水等国产商品。为抓住顾客，扩大国货的营销量，魏吉甫在花色品种上大做文章，力求式样新颖，品种齐全。服装、内衣柜的经营以“名、新、全”取胜，当时社会上流行的白府绸、条子衬衫都有，有高档品，也有大众化品牌。同时规定顾客买去的商品可以退换，顾客在挑选东西时，尽量帮助其选好，避免顾客往返。如白衬衫出售时，容易脏，他们就备有试穿衣，在量好大小后，让顾客尽情挑选。若有顾客需调换的，只要不弄脏，拿来就换；若需退货，又把商品弄脏了，公司会问明情况后，根据顾客要求给予退款解决，使顾客备觉方便，愿意再次惠顾。

国货公司的货源主要由上海国货联营总公司提供，所以多数商品带有“海派”风格，人们以能在武汉买到上海货而感到高兴。但毕竟经营范围狭小，经营品种仅2千余种，而且只卖大宗商品不销售小商品，故而销售业绩欠佳。1946年10月复业时，一楼商场到年底平均日销售额仅为5308元。

(三)

武汉国货公司的管理，为武汉商业现代化管理之冠。国货公司突破了过去那种封建式管理模式，建立近代第一家商业资本组合的股份制企业，以股东会代替店东老板管理，以董事会代替家族式经营，以聘用经理制代替资方管事人，以练习生制代替了学徒制，还有人事、财务及商品管理和销售服务管理系列，无不效仿近代模式。

魏吉甫到汉口来创办武汉国货公司时，从上海和宁波带来了一批有经验的百货人员，他们在公司的各级担任重要的责任，对公司的经营和发展起到了关键性的作用。很长时间，宁波人成为武汉百货业的主力军。进入到这家百货公司的人中有一个叫邱焕炜的镇海人，50年后，他的儿子邱振雄成了中心百货的总经理。还有毛冬声，进入中心百货经受多年的锻炼，后成为武商集团的领军人物。随着武汉百货业的发展，中心百货为其输送大批人才，如中商集团的前总经理严规方等，中心百货是武汉百货业的“人才航母”。

## 挡风遮雨——苏恒泰

在湖北汉川、钟祥、沔阳一带，农民办喜事必定要买两把苏恒泰雨伞，蓝面的给新娘，红面的给新郎，一红一蓝，寓意着早生贵子，早一点开枝散叶。所以在民间有这种说法：“买伞就买苏恒泰。”

### （一）

近代，在湖南商人中，有湘阴、湘潭、长沙人在汉口经营伞业，先后达10余家，大多集中在汉口汉正街西关帝庙附近。有一家叫“苏恒泰”的特别有名，经过数十年的经营，拥有员工近200人，年经销量达到10万把。在汉口，享誉很高，传说多多。

说有一次汉正街某巷子失火，有一人撑开苏恒泰的伞从楼上跳下来，居然伞没有坏，人也没有伤，搞得有点像降落伞一样。还有人在伞上投以小石头，心想你这个纸伞，还经得起，然而小石在伞

汉口苏恒泰的油纸伞

面上弹回来，伞还是好好的。用得好，一把伞可使用8到12年。记得我读初中时，同学张子春的老娘中午打的就是这种雨伞来校送饭，虽有点重，但扎实经用。

说起来，湖南长沙东乡石门坎有个叫苏文受的人，少年时学做雨伞，艺学成后帮师数年就回家种田。1862年实在活不下去，变卖家俱什物，携妻来到汉口，在硚口西关帝庙租房定居。先是在集稼嘴一带代客修理雨伞，维持生计。他觉得湖南雨伞还是比别的地方要好，随后动起自己开店制伞的念头。尝试做了几把，伞身坚固，防御力强，使用寿命长。每把售价240文，牌名定为“苏恒泰”。顾客购买后，也觉得好用，相互介绍，慢慢有些供不应求。1864年苏文受租到关帝庙魁斗巷口小板铺面一间，正式开设“汉口苏恒泰伞店”，雇工12人，带3个徒弟，月产销量达500到600把。

为了与同行竞争，苏文受特别注重雨伞质量。选材有讲究，伞骨用的竹子，必须肉厚质硬，不走性弯边，一定要湖南醴陵、茶陵产的冬竹。伞柄要用质地坚实的湖南益阳产的树木。常德的桐油纯洁、足度、光泽；陕西郧皮纸性韧坚牢，经纬有力；湖北罗田的柿油汁清透油，粘性强耐用，这些材料必不可少。在制作上，由以前一人从头到尾做，改成每人只做某一部分，最后组装，这样不但用工专，效率高，还解决忙闲不均的现象。制作工艺也很讲究，此店所产的伞晴天像张弓，一到阴天就平了，还代客在伞面上书写姓名，并根据顾客需要，配以书画。随着发展，苏文受还在大火路先贤巷又租一间房，正式成立作坊，集中生产。

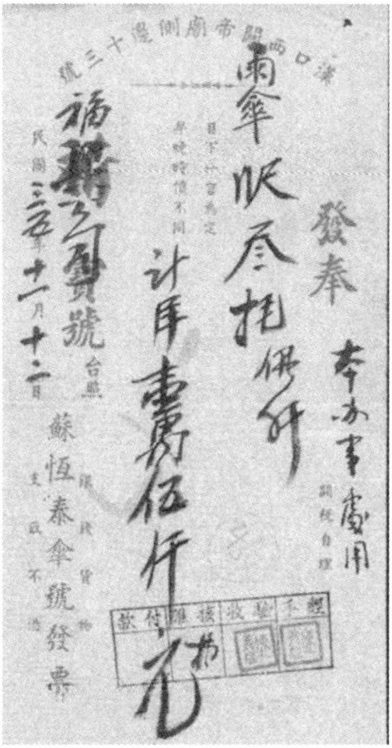
發奉
蘇恒泰傘號發票

苏恒泰伞店发票

苏恒泰伞店还流传一个“打码头”的故事。一次，从湖南运来少量原材料，本可以自己运走，可码头上的把头硬要强迫起运，价钱不菲。苏文受上去讲理，对方不听，双方动起手来。苏文受早年练习过家传的武术，上前轻施武功，扁担过来一条收一条，一连夺得扁担40余条。流氓把头惊服，不敢再加阻拦。以后，苏恒泰搬运货物，码头再也不敢干涉了。事情传出去，老百姓都说“苏恒泰打了一个码头。”

还有一个歪打正着、因祸得福的故事，话说苏文受看到生意做出来了，对伙计们就有点刻薄，引起伙计们和师傅们的不满，就私下商议，要教训教训苏老板，便在纸伞上故意多上一层油纸，多上一层桐油，让苏老板多耗些材料。雨季雨伞好卖，可是上的油太多迟迟不干，无法出售。苏老板急得跳脚，只好把这些伞撑开晾着，老板吃了大亏，便借口雨伞积压，拖欠工钱。最后，又用积压的雨伞折价支付。那天，老板打开仓库，让师傅们和伙计们按工钱折价，进去拿积压半年多的雨伞。师傅们抹去雨伞上厚厚的灰尘，旋开一看，“哟！”一把把雨伞油光闪亮，坚实漂亮，师傅们高兴极了，一个个抱着雨伞就走。他们人还没有到家，雨伞便被抢购一空。老板本想整治一下伙计们，万万没想到伙计们却因祸得福。苏家这种加料雨伞，一下子轰动了武汉三镇，人们纷纷前来购买，商贩蜂拥订货，老板却不知这种雨伞的奥秘在哪，更拿不出那么多的货来供应，只好求师傅们和伙计们，答应以后再也不刻薄他们了。

## （二）

1890年，苏文受病逝，年仅13岁的苏云生不能管理业务，不得不由妻子担负这副重担，业务在原有的基础上继续扩大，工人增加到100人。老板娘有一套用人原则，聘用工人必须是湖南籍，这样生活习惯一致，技术工艺相通。到1905年，月产销量已达到4000到5000把，积累资金4000银元。1906年，老板娘实行新举措，采取订立包销合同的方式，扩展业务规模。她从工人中选出一位既忠于苏恒泰，压服力又最强的左云程，给他300两纹银，让他做代理人，回湘潭开设作坊。双方协议，产品完全按照苏恒泰指定的原料工艺制作，全部运往汉口由苏恒泰包销。把生产作坊向原料产地转移，是降低成本的好办法。

左云程回湘潭开了家左祥和制伞作坊，产品源源不断运往汉口。这种包销方式，得到了湘潭朱德泰、傅保兴和长沙李仁和等作坊的响应，也同苏恒泰订立包销合同。苏家货源充足，于是关闭了大火路作坊。到1911年前夕，因苏恒泰的雨伞优良，业务发达，牌子驰名省内外，曾与汉口“叶开泰”、“老九如”、“老同兴”等10家齐名，称为十大名牌之一。苏恒泰雨伞家喻户晓。

## 菜刀首家——曹正兴

说起菜刀，家里切菜要用，餐馆酒店剁肉要用，武汉这大一个菜刀市场，厂家也不少，近代以来，尽管历经风霜雪雨变幻无常，但还是被一家叫“曹正兴”的刀店牢牢占据市场。

早在清代道光十年（1830年），一个叫曹月海的黄陂祁家湾大曹湾人，兄妹有四，他排列老三，家中一贫如洗，他离乡背井到汉口谋生，人生地不熟，时值清末政府腐败，百业凋敝，想找份活干

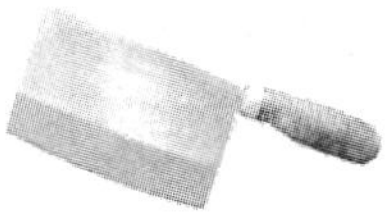

曹正兴菜刀

谈何容易？带来的几个盘缠也用得差不多了，他几乎陷于困境。由于几天无钱买吃的，饿倒在一位叫喻三姑的老妇人门下，在这位善良老人的帮助下，他才在汉口熊家巷（今民生路）找到帮别人挑水的事。不久，跟一个河南人学打铁。后托保赊购黄陂帮曹氏元记、恒记、利记、真记四家铁铺的菜刀，在汉水沿岸硚口至集家嘴一带贩卖度日。

以前有句俗话：“做事有三苦，捕鱼、打铁、磨豆腐。”那时曹月海年轻力壮，不怕吃苦，因曾学过打铁，在卖菜刀之际，逐步摸索出一些验证钢火的技术，于是他弃商从工，偕同远房侄儿，在道光二十年（1840年）筹办了一盘行炉，沿街打铁维生。但他们的生意时好时坏，费力打好的菜刀卖不出去。他们就主动将刀送到肉案上请屠户们试用，用得好再付钱，用得不好可以不要，生意做得蛮灵活的。

由于他们打的菜刀工艺考究，质量过硬，卖肉的都喜欢用，这样生意慢慢打开，声誉也逐渐传开，两人制作的菜刀已供不应求。赚了钱，再接着谋发展，曹月海就在汉水边搭起简陋的作坊，因为是正月开业的，又取兴旺之意，就挂起“曹正兴”刀铺的招牌。

清代同治六年（1867 年），曹月海年已花甲，体力不支，就将刀铺交其长子明福、次子明禄经营，添置红炉一盘，雇工数人，日产菜刀由 30 把增至 60 余把。次年，在汉口花楼街洪益巷买了一间房。又隔一年在汉口张美之巷（今民生路 172 号）购买一栋三开间的楼房开设新店堂，原洪益巷房舍改为作坊，进一步扩大生产和经营，并改“铺”为“店”，正式挂起“曹正兴刀店”泥金大字招牌。另在店匾侧端悬一吊招，柜台上立一站牌，书有“钢火纯正，货真价实，夹灰转（卷）口，包掉回换”等字样。

武汉人喜欢喝汤，特别爱喝排骨藕汤，这猪骨头是需要好刀剁砍的。曹家根据民间这一生活习俗，研制出前薄后厚，前切后砍，切砍兼用的锥形板式菜刀。他们在锻打上也很考究，诸如选料、锻坯、夹钢、淬火等工序均有严格要求。曹家还创造了两种独特的验刀方法：一是“菜刀熏烟法”，就是将刀坯平悬于煤油灯上，缓缓移动，观察坯面附着烟尘的浓淡迹象来检验刀板是否平整，厚薄度是否符合要求；一是“石击火花鉴别法”，用火石在刃口上摩擦，刃口呈红光，表明钢火硬度不够；泛白光，示意钢火过硬；现金黄火花时，则说明钢火适度恰到好处。如此精心制作的菜刀，青钢白铁分明，美观适用，备受用户欢迎。

曹正兴刀店位置选定得好，一直在民生路附近。这民生路正处于闹市区，既挨着繁华的后城马路（中山大道），又离长江汉水不远，正是行商坐贾成集之地。在随后生产经营中，曹家又选用美国

曹正兴老字号的工人正打制菜刀

宝剑牌50#碳结钢，取代原刃口以45#炮弹钢为原料；并在操作上总结出一套“试钢、锻钢、夹钢”，“铲口、提口、直口、磨口”及涂泥烧刀背再下水淬火的“三钢”、“四口”、“一淬火”的独特生产工艺。更为主要的是，曹家恪守信誉，经营有方。他家菜刀既钢且柔，刃口锋利，切姜不带丝，切肉不带筋，剁骨不卷口，享誉湖北及邻近各省。曹家除了生产菜刀，还生产农村用的镰刀，由于质量扎实，黄陂一带曾流传一句歇后语：“曹家的镰刀——割（搁）得好。”意思是说，家庭妯娌和朋友之间相处和睦融洽。

转眼到了民国时期，家业由曹月海四子曹明喜继承，但他无能力经管店务，举荐其长兄之三子曹万长理事。这个曹万长使本因军阀割据混战，业务萧条的“曹正兴”又火了一把。此时，曹家已经成为一个大家族，大多数子孙不事生产，曹月海的四个儿子分为四大股，每大股又分成几小股，按股分红。他接手就辞退部分雇工，调整作坊规模，减少自产菜刀数量，利用自己“金字招牌”的名声，控制武汉大部分小作坊，以低价收购刀坯，加工整形淬火，写上“曹正兴”牌号，每把菜刀以高出同行的30%至50%的价格出售，旺季时获纯利可达60块银元。而曹家的拳头产品，如割肉刀、砍刀、放血条子（杀猪刀）则仍由本店生产，生产还有所发展。

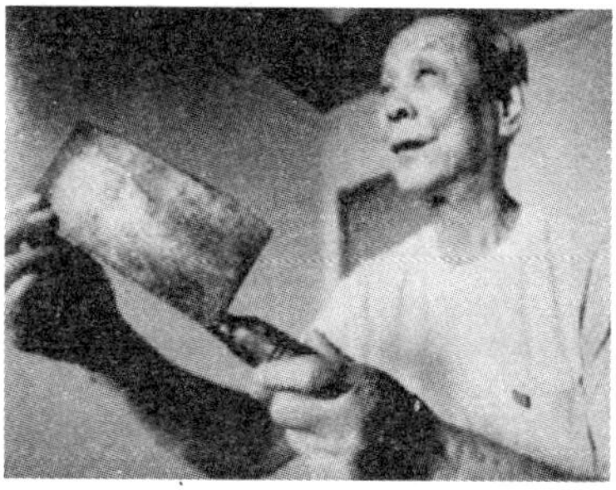

曹正兴老二房曹文显

20 世纪 30 年代，曹家闹出一段轰动全市的新闻；店里的管账先生李志安长期与长清里的一名妓女陈太玉混在一起，花销极大，李志安就把账上的钱拿来挥霍，当家的人竟一无所知，直到账上的钱都被李志安掏空，妓院老鸨要赶他走，店里工人的工资发不出，事情才败露。李志安走投无路，就与陈太玉两人服毒自杀。此事还曾被人编成文明戏《双服毒》在汉口舞台上演出过。

房屋烧了还可以重建，名声坏了十匹马车都拉不回来。经过这次打击，加上抗日战争爆发，曹家只能勉强支撑门面。武汉沦陷，曹正兴刀店的产业被日寇侵吞，曹家的后代逃难到各地，各自谋生。曹文瑞一家在父亲曹万钧的带领下逃到湖南南县、衡阳等地，暂且为生。

1946 年，抗战胜利后，曹文瑞和家人又回到汉口，在花楼街维安里口租下一间房，挂起“曹正兴老三房”的牌子，重操祖业，为忙于生计的武汉人锻打菜刀。曹万钧在民生路维安里口重新挂起曹正兴的招牌，经营菜刀生意。武汉外出逃难的人经历多年的战乱，也纷纷从各地返回，开始置办家中厨具，所以生意略有些起色，大哥曹文治随军去了台湾，二哥曹文显要去武昌读大学，家里吃闲饭的多，支出较大。

解放前夕，由既驼背又双脚残疾的曹文瑞接手“曹正兴”，常言道：“穷人有三宝，丑妻、薄地、破棉袄。”这时曹文瑞幸运地娶了一位虽长得丑陋但聪明能干的老婆，帮助料理家务还帮助打点店里生意，有时还亲自上餐馆酒楼或菜市场肉案子推销产品。曹老板喜欢拉琴唱戏，常常在家组织票友聚会，利用这个聚会建立生意上的人脉关系，所以一度店子能有所发展。

到了1955年合作化运动中，在国家政府支持下，曹家合并老二房，同年5月，又吸收了以屠宰刀著称的曹正文、长于厨刀的曹正大、精于书简刀具的曹正太组成刀剪生产合作社，并会集武汉刀剪行业中有声望的汤先柳、雷元福、曹兴汉、胡家万、戴国保、刘友清等名师巧匠，发挥其技术优势。1959年6月，仍改用曹正兴刀剪厂的牌号，以其传统工艺组织生产。1961年，曹正兴刀厂改为集体所有制。同年，组织专业技术人员归队，经不断改革，以机械生产和传统工艺相结合，从下料、锻打到冷作，逐步形成流水作业生产；在材料上亦改用复合扁钢，变红炉夹钢生产工艺为红轧压坯、气锤锻制代替人工锻打，并借鉴北京、哈尔滨“三圣炉”制作菜刀的经验，产品质量更为提高，年产能力达12万把。

到了1962年，武汉市手工业局对曹正兴菜刀作了鉴定，评价是：刀口利、钢火好、刀面光、刀柄牢、品种多，被命名为名牌产品，还行销内蒙、陕西、广西等地，并开始批量出口，远销港澳、日本、毛里求斯等国家和地区。那个时候，是曹正兴的辉煌再现。在 20 世纪 60 年代的头 5 年，连续在全省历次评比中获得第一名，列为全国优质菜刀。

# 第十一章

# 待时而动　用心铸镜

## 走时准确——亨达利

从解放后到现在，江汉路也是武汉市江汉区与江岸区的“分界线”，一路之隔，就有两个“亨达利”钟表店。在江汉路四明银行对面，有一家称为“老亨达利”的钟表店，店面虽然不大，但显得富丽堂皇，高贵气派。怎么会有两家呢？

亨达利钟表店源于上海，1864年由德商霍普兄弟开设，主要经营中高档进口表，并附设修理场，以校验严格、保证质量及精工修理著称上海滩。

鸦片战争后，当时上海有两家钟表店，一是霍普店，中文招牌为“亨达利”；另一家是宁波人孙延源开设的美华利钟表店。第一次世界大战中国向德国宣战，德商被迫回国，亨达利就委托中国买办虞某经营。虞某又将亨达利半送半卖给他的学生，当时在宁波开设钟厂的孙梅堂（孙延源之子）。孙梅堂所办的钟厂生产的时钟，曾参加1915年巴拿马万国博览会，获得优等奖及金质奖章。

20 世纪 70 年代的亨达利钟表店

孙梅堂接手这“两利”后，大力发展亨达利和美华利业务，先后在南京、天津、济南、汉口开设 23 家分店，被时人誉为“钟表大王”。1910 年，曾在上海美华利钟表店当学徒的浙江镇海余塘人陈文生来到汉口，在德商礼和洋行经营的汉口“亨达利”当“跑街”，从事钟表业务。在一战期间，德商撤走时将招牌卖给了“跑街人”陈文生。1916 年，陈文生在汉口河街（今四官殿）开设了敏记亨达利钟表行。开业时店员 24 人，其中修理工占了一半。为了发展业务，几年后，他又将该店搬迁到江汉路五福里口。不久搬到江汉路 28 号。到了 1922 年，他用 2000 银子租得浙江兴业银行汉口中山大道（现 557 号）铺面开设亨达利钟表店，成为上海亨达利总行的联号。

该店当时主要经营欧美各国各厂钟表，与上海亨达利、三五钟厂，香港华明行、宝亨行有长期供货关系。销售以门市零售为主，还为客户定制安装各种门楼大钟，维修钟表，以技术精细盛誉于市。

该店为了创立名牌，曾向瑞士 HOPE 厂定制金质和银质豪华挂表，向德国谦信洋行定制“双箭”马头钟，均刻有亨达利标记，售价一般高出同类商品的25%左右，同时销售上海总行提供印有亨达利和美华达商标的钟表，该钟表为上海总行向霍普兄弟钟表公司定制的，供各联号相互有保修义务。除此之外，亨达利还定制安装门楼钟，武汉海关大楼就是1924年由汉口亨达利钟表店王亨亮师傅挂帅进行机械安装的。

该店所经营的钟表，上柜前先进行校对，走时不准或有问题的概不上柜。聘有技艺较高的修表技师，并有严格的修理制度。售出的钟表负责保修，十分注重修理质量，素以能修各国各种花色表而闻名。该店例开远期期票，洋行定货，外汇结算，进货渠道稳定。内部管理有较为健全的会计制度，重视发挥店员的积极性，外地职工每年给14个月工资，两个月的探亲假，往来路费由店里支付。对修理工实行“跑分制”，按四六开分成，工人得四成。

从20世纪20年代起，汉口亨达利已成为家喻户晓的钟表名店，不仅销售的钟表质量可靠，而且维修技术也属一流，以维修各国名表而闻名。

30年代后，陈文生启用技师王锦堂管理日常业务，两个亨达利生意都不错。1937年前，该店月经营额约3万元。1938年陈文生病逝，临终前将两个店分别传给他的两个儿子，老店由次子陈又章继承，取名为“又记亨达利”；新店由长子陈芝章继承，陈芝章又名敏川，取名“敏记亨达利”。这一年日寇侵占武汉，两店都遭劫难，被日本森洋行强行侵占。“又记”被迫迁到胜利街（解放电影院对面）勉强维持，经营权由母亲贺玉英主持。抗战胜利后，“又记”迁回江汉路 28 号重新开业。贺玉英是一个聪慧能干的女人，待人笑容可掬，办事麻利，钟表店堂陈列井然有序，生意做得不错。

话说“敏记”迁到车站路，由亲戚陈启荣、沙梅生临时代管。陈芝章在上海夏光中学求学，22 岁时回汉主持经营店业。抗战胜利后，陈芝章用 30 两黄金赎回汉口中山大道 557 号，迁回原址。陈芝章请高级技师王明镜（王锦堂之子）辅佐，重点抓技术维修，重振亨达利的声誉。按陈芝章的营销理念，重视两个“信”，即对内讲信任，对外讲信用。他用人要靠得住，用人不疑人。很多事情经理办好后，只需要给他通报一声就够了，他从不独断专行，不会否定经理的决策，也从不怀疑他们的能力，他的信任和诚恳增强了经理的自信和忠诚。

他对员工也十分关心，他认为员工如果总为家里事担忧，哪里还有什么心思干活看店，店里手表钟表随便偷走一点，损失就会更大。如果员工不把心思投在生意上，每天的顾客不知要流失多少。陈芝章还觉得经商诚信是第一位，讲信用是生意成功的窍门。每到年关，银行开始收账，但对亨达利却是放账，如浙江兴业银行、上海银行、四明银行纷纷来求亨达利到他们银行去开户贷款。这反映了亨达利的信用远比别人高。由于亨达利信用好，就是资金周转困难时也能到上海拿到货，可以先不给钱，深得供货方的信任。

亨达利在1957年转为全民所有制企业，两家亨达利钟表店按区域分别划归江汉区和江岸区商业部门管理，经营得以较大发展。1981年市政府重恢复老店老名。为了区别，江汉路的亨达利店牌子上加“老”字，今天老店拥有1家专业店，5家店中店，专修进口名表。1984年经江汉区商业局批准，中山大道店改名亨达利钟表公司，2年后因扩大经销眼镜业务，更名为亨达利钟表眼镜公司。

## 精益求精——精益

江汉路的“精益”成立于何时呢？这得从源头说起。

清代光绪末年，上海一个叫高德（译音）的美国人，看到上海没有用西方科学方法验目配镜的店子，就从国外运来验光仪器、研

“精益求精”

磨镜片的机器及新颖眼镜商品，开设一家高德洋行经营验光配镜业务。他招收一批有文化懂英语的中国工人，经过培训，使他们成为第一批掌握西方配镜技术的中国员工。

精益眼镜店创始人陈祖泳为原型的铜塑像

1911年，这批人自行集资另开一家眼镜店，招牌定名为“中国精益眼镜公司”。小小的精益店靠质优价廉取胜，使高德洋行受到很大影响，业务一落千丈，不久停业，随后高德本人也闷闷不乐回国去了。这叫徒弟超过了师傅，后来居上。

精益眼镜总店

在这批创办精益店的人中有个叫张云桐的江苏人，手艺在圈子里练得更是不错，他有点眼光，决定向武汉发展。1912年他来到武汉创办汉口精益眼镜店。店址最初设在民生路，后来迁到繁华的江汉路。那时在武汉三镇，还没有新型眼镜店，江汉路店就有球

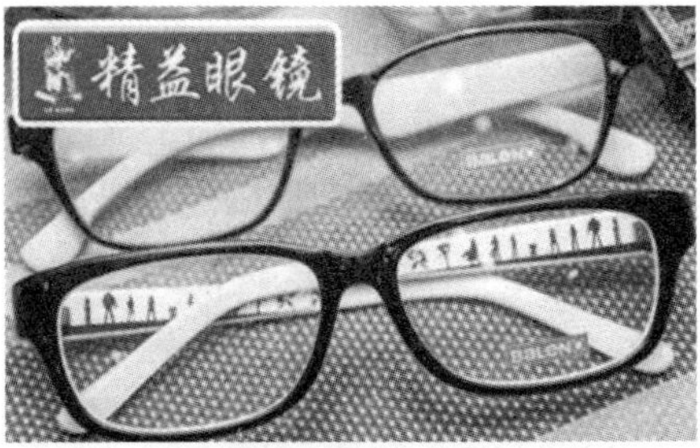


精益眼镜

精益眼镜总店

型磨片机、半自动化成型头子的割边机，验光仪器有眼球计、视肉膜镜组合成镜仪以及标准试镜箱等，武汉又是读书人较多的地方，眼睛不好的大有人在，你说那生意好不好？

抗日战争爆发后，1938 年武汉也危急起来，张云桐带着汉口店的人向成都搬迁，分批离开武汉。到了抗战胜利后，张云桐派三女婿陈祖泳回武汉恢复主持汉口店业务，陈祖泳先在怡和洋行平房内开店，1947 年，经过不断努力才在江汉路原址（97 号）上重新开业。

武汉解放初期，市长李先念曾到精益店配过眼镜，陈祖泳亲自为其验光，他的精湛技艺受到李先念的称赞。有些外国人也前来光顾该店，陈经理用他流利的英语接待众多的外国友人，扩大了对外的交流。

如今，精益与港商合资，成立武汉精益天祥眼镜有限公司，这除了享受税收优惠外，还注入新管理模式。这以后精益店已拥有20家直属店，30家加盟连锁店，大小店铺遍布武汉三镇，可以说是武汉市眼镜业的龙头企业，年销售额居华中地区首位，已成为华中地区眼镜业中最大的连锁经营实体。

# 第十二章

## 铜锣响天外　金银秤诚心

各位，把这铜锣与金银首饰放在一章，主要还是看这两者都是金属制品，但用途各异。

汉口曾有打铜业，利用从云南运过来的私铜打制一些生活日用品，制作铜锣的称为响器业。在20世纪30年代，长堤街附近还有“德昌生”、“熊顺泰”、“周洪大”等字号，竞争非常激烈。“高洪太”却在竞争中脱颖而出，靠着认真抓质量，敏锐捕捉信息，不断力求创新，一直走到今天，为武汉，为祖国赢得赞誉。

汉口金银饰品业分浙帮、赣帮和本帮。浙帮历史悠久，多系合资经营，资本雄厚，以金饰为主，兼售银饰。赣帮稍微晚一点，皆为独资，习称金号，以银饰为主，兼营金饰，都是小本经营的银匠铺。本帮即汉阳帮，资力薄弱，多系小银楼或作坊，以炉房为主，不重门市，制作低档银饰件。

浙帮拥有宝成楼、老天宝、老凤祥、老物华等以及新凤祥、新天宝等大银楼，以经营金饰为主，在汉口实际上处于垄断地位。

第一次大战期间，赣帮邹协和异军突起，在起步阶段受到浙帮的严重打击。后来邹协和通过赣帮的药、油、钱庄等各业同乡的支持，才取得与浙帮的通融，缓和了金饰货源不足的困难，并确定避开锋芒，以银饰为主，金饰为辅的方针，这才平息风潮，稳住下来，在汉口的银楼业占据一席之地。

到了民国初年，邹协和羽翼丰满，就以不可阻挡之势，打破了浙帮金号和本帮银楼各据一方的局面，成为汉口金饰业的代称。甚至连招牌都不改，将浙帮的武昌老万年金号买下，作为他的分店。尽管如此，邹协和还是和谐对待同行，邹协和的当家人邹澄之当上了同业公会的主事时，老万年金号挑起大减价的风潮，邹澄之没有迎头出击，他知道“杀敌三千，自损八百”，温和地利用身份联合同行加以劝止。邹协和的法宝正如他的字号里的“和”，和为贵，和气生财。这才是中国商人的灵魂。

这正是：铜锣敲响赞洪太；金银发家靠协和。

## 一锤定音——“高洪太”

大凡演戏的，演奏交响乐的，是不能没有锣，何处觅寻名牌？全国各地甚至包括世界上的一些国家和地区的行家把目光注视着武汉，武汉锣厂的产品就是不同凡响。据报界曾登载过，该厂的锣曾以直径 1.35 米、1.42 米、1.46 米、1.52 米连创世界之最，他们曾

高洪太铜锣

高洪太第二代传人高永铨正在为铜锣试音

以两面直径为 1.63 米，各重 75 公斤的抄锣问世，再创世界纪录。

武汉锣厂前身是高洪太锣厂，创始人高青庵，原籍黄陂甘棠乡人。13岁随舅父王家重学艺，十余年后技艺超群。舅父的店铺经营状况不太好，打算卖掉，高青庵就找人借了一笔钱，盘下了舅父的店铺。开始，高青庵在长堤街丁家巷口租房经营。1914年，他在长堤街 262 号（今 1045 号），以“高洪太”的牌号独资经营。这“高洪太”的字号，是在高青庵和弟弟高太安的名字中各取一个字，组合而成的。按高家族谱，高青庵原名为高章洪，高太安名为高章彩。于是在这四个名字中取了两个较响的字，“洪”与“太”。

起初为响器经销店，前店后场格局，前台经营铜响器，后面小规模地制作班锣、手锣等产品。当时兄弟二人未分家，生意其实是兄弟一起经营。后来，由于在黄陂老家的田产需人料理，高太安回到了老家。那么，生产经营的担子落在了高青庵一人的肩上。

由于讲究信誉，经营灵活，购销对路，校音准确，“高洪太”

受到用户的好评，经营范围也就逐步扩大。1931 年，高青庵开始自设手工作坊，先以制作班锣、马锣等小件为主。到了 1936 年，高青庵财力有了很大增长，他就在长堤街买了一幢前面两层、中间三层的大房子（现为长堤街 1163 号），扩大生产规模，品种增至 20 多个，年产量 20 多吨，雇工最多时达 40 多人。在工艺上，高青庵要求很严，每一道工序他都要亲自把关，发现稍有不合格的立即撤下重做，绝对不苟且凑合。由此，“高洪太”的名声在武汉响起来。1938 年武汉沦陷，铜锡原料为日军严加控制的军事物资，“巧妇难为无米之炊”，“高洪太”一度改行。抗战胜利后，“高洪太”又重操制锣旧业。

当时武汉制作铜响器的还有“德昌生”、“熊顺泰”、“周洪大”等字号，竞争非常激烈。高青庵本身就是制锣高手，又罗致了一些高明的师傅在他的店里，“高洪太”逐渐形成了独特的工艺。他们灵活运用正锤、反锤、实锤、虚锤、轻锤、重锤等技巧，按客户的要求准确地定出各种音响，得到客户的信赖，享有很高的声誉。

高洪太铜锣成为湖北省非物质文化遗产

高老板极为重视信息，曾派其子高明汉专门在外摸市场行情。据说，1946 年梅兰芳京剧剧团的乐师王爽元，有一次在上海“老德泰”乐器店购锣，谈及

画家笔下的老字号高洪太

剧中官老爷升堂审案时历来是由从衙役呐喊声来助威，假如能配置一面拟虎啸之声的响锣，演出效果必定更佳。店主屠德隆也是位精明的生意人，得此信息便立即函告武汉的高青庵。

高老板认为这是扬名全国的好机会，急令定音师高永运用大古锣加工改制。这位技术台柱运用自己丰富的经验和高超的技术，反复琢磨试制，终于在短时间内改制成一种音质纯、“虎味”浓，适合京剧黑头、花脸配戏用的新锣。梅兰芳京剧团用后深感满意，上海“老德泰”乐器店便将此锣命名为“虎音锣”。从此，高洪太名冠中华，虎音锣成为他家产品的象征。

1979 年，著名指挥家小泽征尔率美国波士顿交响乐团访华，中央乐团特意在“高洪太”锣厂定制了一面大抄锣赠给他们。这面锣浑厚悠远的声音，令他们赞叹不已。到了 1985 年，日本名古屋市长西尾喜武写信给当时的武汉市市长吴官正，希望“高洪太”锣厂（当时已改名武汉锣厂）能为他们做一面世界最大的锣。锣厂工人历时近 3 个月奋战，终于制成了两面，其中的一面于 1986 年送到日本。

这面大抄锣直径 142 厘米，声似春雷，气势磅礴。名古屋市长极为珍视，并把这面锣取名为“武汉”。铜锣成为武汉对外交往拿得出手的独特产品。

现在，该厂能生产锣、钹、镲、钟、板等类，计 64 个品种，144 个规格。该厂生产的京锣、广钹、奉锣、马戏锣等行销亚欧美和大西洋等 20 多个国家和地区。目前，世界一些著名交响乐团都用该厂产品。

## 协力谦和——邹协和

金银首饰业是拿着金子赚票子的行当，在当年大汉口有着令人瞩目的地位。早先，汉口码头金号老大的位置一直是浙江帮稳坐的交椅，没想到有一天出现了一个江西人开的邹协和，而且一出手就“威震江湖”，邹家五兄弟在汉口曾先后增设金号 10 家，典当 5 家，并购置房屋 200 栋，人称百万巨商，形成了自家的小金融链。

邹家兄弟原为江西丰城县燕山乡湖塘村人，他们的父亲邹绍韩，曾进京赶考落第，无心于功名，就在村里办了私塾，当起教书先生。母亲生下五男二女，五个儿子分别取名沛之、济之、源之、澄之、润之。

父亲虽是落第之人，却不甘心自己的子孙在家守着几亩薄田，

邹协和金号花楼街店旧址

决心要他的儿子们出外谋事，长点见识，懂点生财之道。于是在光绪三十年(1904年)沛之、济之、源之三兄弟来到汉口姑父熊长春开的“熊和兴”银匠铺当学徒。老大沛之学手艺十分专心，满师后在首饰行业有些名气，列为首饰制作的“六大名师”之一，但他想辞事出店另谋出路。

学徒的生活是很苦的，老二济之悟性较差，干活手脚较慢，常受到老板的训斥。源之做得很辛苦，但常常食不果腹，一次到厨房吃了一点冷饭，竟挨了老板的耳光。老大沛之看在眼里，疼在心里，不忍兄弟们挨饿受气，于 1908 年在后花楼街小董家巷私租了一间房屋，让他兄弟俩自打首饰上街叫卖，老大仍然在“熊和兴”干活，夜间下班，他又回去帮兄弟们干。这样，大约干了一年多，兄弟三人稍有积蓄，就在前花楼正街分租了一家杨恒沅面馆的半边门面，开设邹协和银匠铺。不久，邹家老四澄之也来汉口，跟随老二学手艺。

开张不久，发生一桩戏剧性的买卖，有个和尚拿了一尊小罗汉上门来卖，老二邹济之看了一遍说：“里面含有金子，但我店小本微买不起。”和尚连忙答应：“走遍汉口今天才遇到识家，情愿便宜卖给你。”于是，老二就向面店内老板借钱买下。这尊金罗汉约有 10 多两重，经过提炼以后，除买本净赚了 4 两多金子。这一笔，算是他们赚到的第一桶金。

还有一次，晚上店里快要打烊，有一个穿着很讲究的人，在柜台外看了好久不肯离去，老二上前接待，他只说是“随便看看”。当时店里正在酬客请酒，邹家老二顺便邀其入席，那人也不推辞。他酒后才说：“我是直鲁豫巡阅使派来的副官姜显宗，带有一点金子，放在旅馆不便，想交给你们柜上，留下印签，等我买了东西，陆续按当日牌价折算，由你柜上付款，行吗？”老二当然满口应允，随即派人陪他到旅馆，把数达 900 两的黄金取回来了。前后这笔黄金在邹家放了 3 个月，说起来这又算他们赚到的第二桶金，大量的资金等于说给了邹协和银楼 3 个月的资金周转机会。后来，姜副官介绍邹家认识了吴佩孚部下的许多人物，关照他家的生意，从此邹协和声名大振。

邹协和金号花楼街店旧址，曾为永和豆浆店

1914 年第一次世界大战爆发，金价大幅下跌，落到 3 元多换一两，“邹协和”抓住这一千载难逢的机会迅速发展，短短两年的时间，就形成流动资本八九百两金子的经营规模。到1918年，邹家兄弟在汉口逐渐开了3家“江西老邹协和金号”，即汉正街新街口一家、汉正街永宁巷上首石码头对面一家、花楼街交通路口一家。另外，还开了几家典当铺，如协和铺、鸿大铺、协丰铺，并购置了36栋房屋。他们发展的时期，正值中国民族工商业的萌兴阶段。

汉口邹协和金号铁质首饰盒

那么邹家到底是怎样发达起来的呢？一是利用黄金的差价赚钱。黄金便宜就大量买进，买进金条。黄金涨价就大量抛出。邹协和同上海的大通成、同丰永等金号建立了业务联系，每天都有金价行市报来武汉，武汉的店里按报价换算成饰金标价挂牌，保持只波动1%至2%，在顾客心理上产生了“划得来”的影响。二是靠加工赚钱，把老百姓的旧金子、旧银子收购进来，经过熔化提炼，加工成饰品出售。在加工过程中，把收来的旧金子丢在坛子里，坛子里装的是王水（1比3的浓硝酸浓盐酸混合液），能溶解金、铂等一般酸类不能溶解的金属。杂质一丢进去都化成了水，然后把溶液倒出来过滤，过滤后的溶液经过沉淀，留下来的就是金粉子。金粉子再放进坩埚、炼金炉里面熔炼。当时用风箱拉的土炉，根据金子多少，按比例加些硼酸。硼酸一加，杂质就浮起来被高温催化了，剩下的就是纯金。熔炼好的金子倒在金条模子里面，打上邹协和的章印，最后倒出来称重量。

邹家的信念是“保名如保命”。为了保名，靠的是质量和信誉。首先成色要好，含金量要高。其次是分量足，店内生产的金银产品的称量，不是平而是红，店员当面称给顾客看。加上工艺精，金线细如丝，金叶薄如纸，镂金的蟠龙，浮刻的金凤，无不栩栩如生。大至金银奖杯，小至耳环、戒指、别针，件件精工细作，使顾客赏心悦目。

# 第十三章

## 烟云归一路　佳酿香万家

各位，常说“烟酒不分家”，这就把烟酒列为一个章节。

武汉三镇卷烟未流行前，一般吸用水烟或旱烟。1914 年英美烟草公司汉口分公司在汉口六合路设制烟厂，年产约 12 万箱。汉口经销商以恒利、蔡福记、三江、秦乐记、德声等 5 户最大。后由上海“永泰”和汉口分公司包销和义记公司经销。

继英美烟草公司之后，由南洋华侨简照南集资创办的“南洋兄弟烟草公司”，1921 年在汉口成立分公司，1926 年在汉建成“南洋烟厂”，年产量约为英美烟草公司的四分之一，在市场上与英美烟草公司角逐。这之间演绎了许多富有传奇性的故事，最后民族工业受到三座大山的压迫，只得等待新的黎明到来。

武汉糟坊众多，产南酒和汾酒。糟坊多集中在汉正街硚口一带，有“糟坊街”之称。“北直”帮有老天成、万成等，资力比本帮要强。做酒都是前店后坊，主营批发，产销结合，也有另开门市零售。

汾酒糟坊中著名的有李大有，清代乾隆年间开业，仿山西汾阳杏花村汾酒酿制法，取汉江之水酿制而成。清末民初，有老天成汾酒糟坊，所产58度汾酒清澈透明，味醇爽口。1927年在巴拿马万国赛会上获得丙等奖。这些都为后来武汉酒厂制作黄鹤楼汉汾酒打好了基础。

这正是：清烟袅袅十里香；琼浆玉液泛芳樽。

## 同心打拼——南洋兄弟

（一）

俗话说："打虎不离亲兄弟"。在武汉的老字号中，有"高洪太"的高氏兄弟开办响器店，有"蔡林记"的蔡氏兄弟开办热干面馆，其实在武汉开办南洋兄弟烟草公司的也是简氏兄弟。

简照南、简玉阶兄弟系广东南海人，哥哥简照南1870年生，比弟弟简玉阶大5岁，兄弟俩还未及弱冠就随叔父简铭石去香港学做生意，后又转入日本，在神户开了一家东盛泰商号。经过几年打拼，事业有了发展。时值20世纪初，中国面临许多痛苦与灾难，简氏兄弟抱着实业救国的理念，将多年经商积攒下来的资财全部投入实业之中。

1905年，简照南托人从国外购进四台蝴蝶式卷烟机运往香港；又从家招来几十名同乡做工人。"广东南洋烟草公司"便于当年秋天在香港东区罗素街正式成立了。第二年就开始制造卷烟，每天以

汉口南洋大楼旧址

30件的产量投放市场。

对于这个新生的弱小企业，英美烟草公司视为眼中钉。1908年5月，简氏兄弟经营的公司不得不宣布破产，清算拍卖。但在几个月后，在叔父简铭石的全力支持下，他们对南洋进行了一番拍卖整组，于1909年改名为“广东南洋兄弟烟草公司”重新开业。新成立的公司加入了“兄弟”二字，隐含“兄弟同心，其利断金”的意味，也无形中表露出与外烟抗衡到底的雄心。

## （二）

1911年辛亥革命爆发，而善于借助大势的简氏兄弟在此之前已然提出“中国人请吸中国烟”的口号，从而很快在市场上获得民众的支持。随之民国成立，接着又是第一次世界大战爆发，西方列强陷于交困，这给中国民族工业带来转机。

1915年，南洋公司香港的鹅颈桥扩建了卷烟车间，日产卷烟500多标准箱。第二年，开始大规模向内地进军，先在上海设分厂，接着又在内地13个大中城市，以及新加坡等地设分支机构，形成了一个覆盖中国全境，遍及东南亚各地的庞大营销网络，初步夯实了南洋作为民族烟草工业第一品牌的地位。

南洋烟草公司创始人简玉阶

1916年成为了其发展史乃至整个民族烟草史上非常重要的一年，从这一年起，凭借着前期的良好积累，南洋兄弟烟草将业务重心与生产中心由香港向内地转移。汉口分公司正是在这样的背景下诞生。汉口作为我国近代重要的商埠和大型城市，也成为南洋兄弟烟草与英美烟草争夺的重要市场。其实，早在1906年，南洋上海分公司就派人来汉设立经销机构，最初在德租界设以办事处后迁至歆生路（今江汉路），并改为陈列所，由上海运货到汉口。简照南非常重视汉口这个大市场。

南洋烟草公司的股票

1917年，随着第一次世界大战的结束，汉口烟草市场展开了一场卷烟广告大战，本土报纸成为此次广告战的主要战场。英美烟草率先在汉口《大汉报》、《汉口新闻报》等媒体为旗下“三炮台”卷烟做宣传：“三炮台卷烟，销行年复年，装潢皆称便，到底是好烟，名不虚传。”南洋兄弟烟草马上回击，运用了“提倡国货”的

南洋烟草公司产品广告

南洋烟草公司烟标

营销策略。在当年的农历春节，该公司在汉口的新闻媒体上向国民道贺：“国货卷烟，大喜双喜，各界提倡，民福国利。”两天后，南洋兄弟烟草公司又在汉口的《大汉报》头版头条上刊登了一则启事：“本公司完全华商资本，采收国产烟草，纯用华工制造……诸君购用国货，不特实现爱国之志，并能引起同胞之热心，直接则挽回利权，间接则种烟之农家，制烟之工厂人，皆得利益。”第一回合，南洋的爱国情战胜了英美的畅销论。

也在1917年那一年，汉口新市场（今民众乐园）落成开业，南洋公司即与该场洽谈，欲租借新市场的墙壁做几幅大型广告牌，事已谈妥，不料英美公司横插进来，以重金将广告牌承租权夺去。南洋公司被落空，如此欺人太甚，那索性在新市场隔壁修建了一栋五层楼的洋房——南洋大楼。这栋欧式建筑典雅大气，高度超过了新市场，而且把新市场的正门遮挡得十分狭窄。1921年建成后，成为汉口中山大道上的一个标志性景观。

(三)

此间南洋公司随即成立汉口分公司，在自家楼顶上做了三面巨大的广告牌。入夜时分，霓虹灯把大双喜、大爱国、大长城三个品牌照得十分耀眼，引得路人不时驻足观看。

不久，英美为增强亲和力，借用中国蒙学“三字经”来做广告：“三炮台，好卷烟，敬宾客，美观瞻。”此外还以老牌自居，“市中日日新牌见，到底不如老牌烟”。南洋兄弟烟草则反其道而行之，迎合“五四”革命新文学的风潮，将白话小说导入广告，在《汉口新闻报》的头版头条上刊登了微型白话小说《绝好的品赠》，选文如下：“话说在下有几个最相契的朋友，一个是桓桓武干，具有尚武之精神；一个是翩翩少年，具有爱国之热忱；一个醉心自由，靳驰不羁；一个风流自赏，结婚有日。我想就各人的身份，送他几件礼物，聊作投桃之报。想了数日，毕竟想不出一件什么合适的东西。刚才见那南洋兄弟烟草公司的广告，猛然想起了它的卷烟中，有大喜牌、有长城牌、有爱国牌、有自由牌，恰恰可作赠品，并且极为巧妙。如买长城牌的烟，送那尚武的朋友，便有勉他为国长城之意；如买爱国牌的烟，送那爱国的朋友，便有颂扬他热心国事之意……于各人的身份，恰恰合适……主意已定，我不免取了几张钞票，亲到南洋兄弟公司去买罢。列位，如有欲买烟送人的，随在下一同往南洋兄弟公司去罢。”这个广告创意颇为新颖，有语言、有思想、有情节、有个性、有时代感，深受人们喜爱。第二回合，南洋的时代精神又击败了英美的因循守旧。

此外，南洋公司大做感情文章，利用 1922 年农历春节，在汉口的各大报纸上向市民道贺，并以“国货卷烟，大喜双喜，各界提倡，民福国利”作为产品宣传的主题。两天后，南洋汉口分公司又在《大汉报》的头版头条刊登了一则启事：“本公司完全华商资本，采收国产烟草，纯用华工制造……诸君购用国货，不特实现爱国之志，并能引起同胞之热心，直接则挽回利权，间接则种烟之农家，制烟之工人，皆得利益。”

民国中期以后，南洋扩大了在汉口的投资规模。1926 年在硚口仁寿路兴建南洋汉口分厂。1937 年规模大增，拥有卷烟机 20 余台，日产 2500 箱，经销的香烟品牌也大为丰富，计 10 余个之多，汉口分厂成为南洋公司旗下一个重要的生产营销基地。

## 汉汾酒香——大有庆

旧时在汉口汉正街上段一带，年纪、资格较老的酒麻木，没有不晓得“汉汾”大名的。那时，腰里揣着一个扁扁的、小小的酒瓶，兴致来了，搞几口，回味无穷。尤其是 1916 年汉汾在巴拿马万国

当年武汉的特制黄鹤楼汉汾酒

评酒会荣获银质奖章后，更是风靡三镇，享誉全国。它究竟何日何时千里迢迢来到武汉安家落户的？

乾隆年间，有位河北人叫李大有，因赌博输光家产，只身流落到山西汾阳杏花村一个槽坊打工，学会酿造山西汾酒的绝活。后来他云游各地，谋求发展，发现汉口人烟稠密，商贾云集，粮食丰足、水质优良，是酿酒卖酒的理想之地；于是决定安家落户，在硚口关圣祠建“李大有槽坊”专事酿酒之业。

李大有酿酒严格按照杏花村传统工艺，取优质高粱为原料，用小麦、大麦、豌豆制成的清花大曲作发酵剂，用汉江清水精心酿配，造出的酒晶莹透亮，清香醇厚、甘洌爽口、回味悠长，颇具山西汾酒特色。为了创牌头，他特地将汉口和汾阳两处地名各取一字，将酒取名为“汉汾”，以示自己与别家白酒的不同。汉汾上市即以质量优良、风味独特而风行，生意兴隆。

李大有在汉酿酒卖酒，钱袋子一下子鼓起来，其他河北老乡眼睛都嫉妒得发红，于是争相仿效者多多，那汉正街上段逐渐形成了酿酒“北直帮”（河北省原为北直隶，故名）。后来，他们又吸取各地酿造精华，大胆改进汾酒传统工艺使“汉汾”成为既有汾酒特色，

武汉的汉汾酒

又有南方韵味的自成一体的酒类佳品，一举夺得巴拿马万国评酒会银奖。宣统年间，李大有辞世，槽坊更名“老大有”。其后，“老大有”便逐步衰落。

另一位河北人刘峰青用重金买下山西汾阳的“老天成”槽坊并迁来武汉，酿酒仍用“老天成”牌名，壮大了“汉汾”酿造的队伍。其时，三镇民间的顺口溜“大有、天成、聚兴益、汾酒、碧绿、五加皮”就是汉汾鼎盛一时的明证。

汉正街曾有槽坊街之称，旧时武汉曾有“喝好酒，到硚口”一说。酒好在于水好。汉正街一带槽坊林立，水取自深井，源于汉水。所以有汉汾之称。“老米酒，吊鼎锅，蔸子火，慢慢喝，半斤滑进肚，皇帝就是我……”

清光绪年间，在汉正街上段出现一家“大有庆槽坊”，它所酿造的汉汾酒驰名武汉三镇。这大有庆糟坊，为金莲峰于清咸丰年间创业，位于杨家河正街（即汉正街上段），最初牌名为金裕茂。光绪年间，张之洞督鄂，提出向武汉名牌厂商、殷实富户勒派捐款之议，金莲峰得到消息，为了逃避勒派，采取移花接木方式，把开设在汉正街下段的大有庆油盐坊迁回，与金裕茂合并，前面经销油盐，后面酿造汾酒，牌名换成了大有庆。

武汉汾酒槽坊规模有单灶双灶之分。大有庆是双灶，占地4000平方米，缸房三大间，埋有大酒缸1400余口。另有磨坊、堆曲房、高粱仓。有自备水井，两个晾晒场。未用电力前，养了20匹骡子碾磨。每天蒸高粱18甑，馏酒千斤。大有庆的酒，不存放3个月不出售。酒在地下储存一段时间，减去燥气，致成醇醪。

民国时期，烟酒消费税率为100%，政府派员驻厂监督，按实际产量核征，由统税局管理。那个时候，腐败现象盛行，贪污贿赂成风，官商互相勾结，各得其利。“大有庆”聘用的经理郑晋卿担任汉口酿酒公会理事长20余年，此人为同业谋事，每逢统税局新局长履新伊始，通过老税人牵线搭桥，接上关系。先以公会名义，为新官及机要班底接风，再在旅馆长期开房，凡事投其所好，逐渐达成默契，私下订立四三三纳税协议。以酿酒厂方按产量定税为100分计算，其中40%送局方，由局长内部分配进腰包，30%作为对厂方的补贴，美其名曰扶持

武汉的汉汾酒

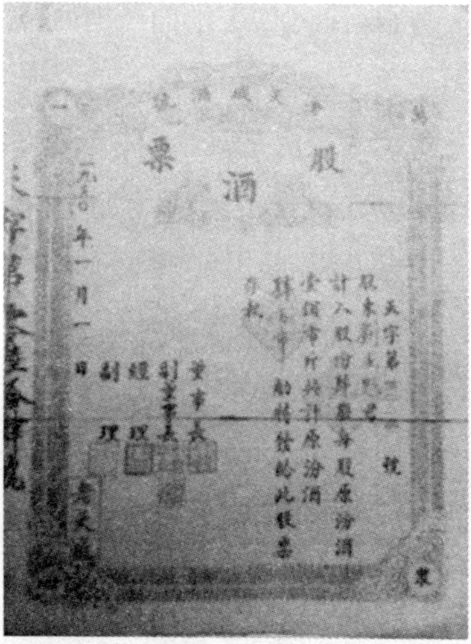

武汉老天成酒号股票

企业。所谓驻厂员，不过掩耳盗铃，做做样子。久负盛名的大有庆，有副春联：“大可观也，有余庆焉。”这正是大有庆兴旺的写照。到了 1947 年，汉口汾酒滞销，大有庆决定走出本省，开辟华南市场。于是，以 10 万斤原汾酒运往广州，在珠江畔租赁房屋，以图发展。1950 年大有庆槽坊停业。

大有庆消逝了，但是大有庆的各种酒，似乎余味尚存。当时大有庆自制的药酒、色酒，更令老汉口人难忘。虎骨酒、木瓜酒、五加皮、万应追风、红白玫瑰、橘黄、碧绿等这些酒在老汉口居民中留下深刻的印象。碧绿，以新鲜竹叶浸泡，呈天然淡绿，清澈微甘，注入杯中，有小珠附盏。斋公、僧尼慕名来沽碧绿，店中便告知，碧绿虽美，惜与素食者无缘，因为加有猪板油浸泡。

还有桩轶事值得一说。1945 年，抗日战争胜利以后，金家在清理住宅地窖时，发现一个大酒缸，容积 300 斤大小。除去灰尘，发现缸口附有封条，注明此酒乃高度原汾，配有人参鹿茸、沉香及名贵中花十余味，能够培补身体并医治疾病，埋藏时间为清同治二年（1864 年）。这张封条为大有庆第一代金莲峰亲笔所写。这么大的一缸酒，在地下历经 80 年埋藏，仅存不足三分之一。开缸醇香四溢，不饮亦醉。取少许品味，入口微甘，妙不可言。

1952 年在老天成等几家槽坊基础上建成的武汉酒厂，沿用传统工艺继续生产汉汾酒，1962 年在汉汾酒基础上投产特制汉汾酒。1984 年特制汉汾酒改为黄鹤楼酒。1992 年武汉酒厂易名黄鹤楼酒厂，黄鹤楼酒成为新的汉货精品。

## 主要参考书目

[1] 涂文学，刘庆平编著．图说武汉城市．武汉：武汉出版社，2010.

[2] 周德钧著．武汉老字号．武汉．武汉出版社，2013.

[3] 陈前，黄前明编著．首义城市记忆．北京：经济日报出版社，2012.

[4] 刘富道著．武汉汉正街．北京：解放军文艺出版社，2001.

[5] 陈祖源，等编．汉口宁波帮．北京：中国文史出版社，2009.

[6] 傅立民，贺名仑主编．首义城市记忆．北京：中国发展出版社， 1993

[7] 杨蒲林，皮明庥主编．武汉城市发展轨迹．天津：天津社会科学院出版社，1990.